CONG SIZHENGKE DAO DASIZHENGKE DE
TIXI GOUJIAN YANJIU

# 从"思政课"到"大思政课"的体系构建研究
## ——以上海为例

张青子衿 著

上海大学出版社
·上海·

图书在版编目(CIP)数据

从"思政课"到"大思政课"的体系构建研究：以上海为例/张青子衿著.—上海：上海大学出版社，2024.5
ISBN 978-7-5671-4961-8

Ⅰ.①从… Ⅱ.①张… Ⅲ.①地方高校－思想政治教育－研究－上海 Ⅳ.①G641

中国国家版本馆 CIP 数据核字(2024)第 083552 号

责任编辑　傅玉芳
封面设计　倪天辰
技术编辑　金　鑫　钱宇坤

## 从"思政课"到"大思政课"的体系构建研究
### ——以上海为例

张青子衿　著

上海大学出版社出版发行
(上海市上大路99号　邮政编码200444)
(https://www.shupress.cn 发行热线 021-66135112)
出版人　戴骏豪

＊

南京展望文化发展有限公司排版
上海普顺印刷包装有限公司印刷　各地新华书店经销
开本 710 mm×1000 mm 1/16　印张9　字数134千
2024年5月第1版　2024年5月第1次印刷
ISBN 978-7-5671-4961-8/G·3618　定价50.00元

版权所有　侵权必究
如发现本书有印装质量问题请与印刷厂质量科联系
联系电话：021-36522998

# 序 | Foreword

从"思政课"到"大思政课"的发展转变过程，也是思想政治教育之教育理念与实践的发展革新过程。从当下经济社会快速发展的现实中，我们不难发现，青年一代接受信息的广度和速度都有了前所未有的提升，如何守牢、守住、守好我们意识形态的主阵地，更是摆在每一位思想政治教育工作者面前的任务之一。

根据国家关于"大思政课"建设的要求部署，"大思政课"建设有三大条线——"大课堂""大平台""大师资"。"大课堂"，强调"学校小课堂"与"社会大课堂"的有机衔接，解决的是理论与实践的融通性问题；"大平台"，强调思想政治教育资源的集成化和平台化，解决的是以往思想政治教育中存在的资源分散、碎片化和衔接难的问题；"大师资"，强调思想政治教育主体的多元性和丰富性，解决的是思想政治教育教学的专业性与针对性问题。此外，各地在进行"大思政课"建设时，也应兼顾地区的文化特质和区位特点，通过"大思政课"提升教育受体的地方归属感和荣誉感，这也即是"大思政课"教育的在地化融入。

张青子衿是我的博士研究生，在复旦大学就读期间，她曾担任过复旦大学高等教育研究所的研究生辅导员，也在读博士期间随我共同撰写过两篇有关思想政治教育的研究性论文，积累了一定的理论与实践经验。这是她任职上海大学以来的第一本书，我为她感到由衷的高兴，也深感其在学术研究上的认真努力。这本书以"上海"作为研究考察对象，同时也调研了北京、天津、江西、陕西等地的"大思政课"建设经验，在集中各地共性经验的基础上，结合上海的个性特征，形成了关于上海"大思政课"建设的体系构建路径研究,内容丰富,结构清晰,其中不乏表达了一个年轻思政工作者的教学体悟。尽管,本书在路径和政策的设计上略显稚嫩,部分内容没有具体展开,但作为一份研究报告来看,已"有棱有角",相对完善了。

私以为,"大思政课"建设是一门需要不断钻研、深挖的学问,也希望子衿能以此研究报告为起点,继续优化、完善研究成果,助力"大思政课"建设的相关研究走向深入。

顾钰民

2023 年 5 月 7 日,上海

# 目录 | Contents

前言 ………………………………………………………………… 1

## 第一章　从"思政课"到"大思政课" ………………………………… 1
第一节　我国思想政治理论课建设的历史沿革 ………………… 1
第二节　"大思政课"体系建设的研究现状 …………………… 22

## 第二章　"大思政课"体系建设的理论基础 ………………………… 28
第一节　马克思主义的世界观和方法论 ………………………… 28
第二节　中国化时代化的马克思主义思想政治教育理论 ……… 33
第三节　中华优秀传统文化中的伦理智慧 ……………………… 38

## 第三章　"大思政课"体系建设的目标指向 ………………………… 43
第一节　新时代深入贯彻落实立德树人根本任务的必然要求 … 43
第二节　新时代全面推动党的创新理论铸魂育人的必要举措 … 46
第三节　新时代深化大中小学思政课一体化改革的关键环节 … 50
第四节　促进党的二十大精神融入思想政治教育的有力支撑 … 56

## 第四章　上海"大思政课"体系建设的阶段成果 …………………… 61
第一节　创新主渠道教学，守好课程育人阵地 ………………… 61
第二节　善用社会大课堂，构建实践育人体系 ………………… 63
第三节　搭建资源大平台，打造网络育人格局 ………………… 65
第四节　构建思政大师资，提升育人队伍能级 ………………… 67

第五节　上海推进"大思政课"建设工作评述 …………………… 69

## 第五章　上海"大思政课"体系建设的现实困境 ………………… 71
　　第一节　思想政治理论课建设存在的问题 …………………… 71
　　第二节　"大中小学思政课一体化"建设存在的问题 ………… 74
　　第三节　资源库建设存在的问题 ……………………………… 76
　　第四节　实践教学建设存在的问题 …………………………… 78
　　第五节　思政课教学队伍建设存在的问题 …………………… 81

## 第六章　国内"大思政课"体系建设的经验借鉴 ………………… 84
　　第一节　北京"大思政课"建设中的实践教学经验 …………… 84
　　第二节　天津"大思政课"建设中的队伍建设经验 …………… 86
　　第三节　江西"大思政课"体系建设中的问题式教学 ………… 87
　　第四节　陕西"大思政课"体系建设中的"均衡发展"做法 …… 89
　　第五节　各地开展"大思政课"体系建设的经验反思 ………… 91

## 第七章　上海"大思政课"体系建设的实践进路 ………………… 95
　　第一节　着力建设结构清晰、形式多样的"思政大课堂" …… 95
　　第二节　着力建设资源丰富、特色鲜明的"思政大平台" …… 101
　　第三节　着力建设主体多元、合作有序的"思政大师资" …… 105
　　第四节　着力探索支持有力、执行有效的"大思政课"工作机制 …… 108

## 第八章　上海"大思政课"体系建设的时代意蕴 ………………… 112
　　第一节　突显新时代"大思政课"立德树人的清晰格局 …… 112
　　第二节　促进传统思想政治教育教学模式的转型创新 …… 115
　　第三节　加速新时代"大思政课"教育资源的均衡发展 …… 120
　　第四节　迸发新时代"大思政课"教学研究的集体智慧 …… 125
　　第五节　形成新时代"大思政课"体系建设的上海特色 …… 128

**结语** ……………………………………………………………… 132

# 前言 | Foreword

"政治工作是一门科学。"思想政治理论课(简称"思政课")是党和国家落实立德树人根本任务的关键课程。党的十八大以来,以习近平总书记为核心的党中央高度重视思政课建设,多次就思政课建设作出重要指示,强调要加强和改进思想政治教育工作,把思想价值引领贯穿教育教学全过程。2021年3月6日,在看望参加全国政协会议的医药卫生界、教育界委员时,习近平总书记进一步指出,"大思政课"要善用之,一定要跟现实结合起来,赋予了思政课更为艰巨的时代责任。2022年,在党的二十大报告中,习近平总书记又一次强调了要"用社会主义核心价值观铸魂育人,完善思想政治工作体系,推进大中小学思想政治教育一体化建设",为多层次、多视角、多形式开展思想政治教育指明了方向。

在向"第二个百年"奋斗目标迈进的重要历史时期,上海作为率先提出并实践"课程思政"理念的改革试点区,应在借鉴以往有利经验的基础上,深刻领会"大思政课"布局的核心要义,抓紧制定全面推进"大思政课"建设工作方案,利用好、运用好、发展好上海市独特的区位优势、深厚的历史文化底蕴、丰富的文化教育资源、先进的现代信息技术,全面构筑"大思政课"建设的框架体系,研究"大思政课"体系建设的创新举措,为推动深化"三全育人"综合改革、推动"大中小学思政课一体化"建设、坚定落实立德树人根本任务、培养担当民族复兴大任的社会主义接班人提供上海智慧。

以教育部联合十部门下发的《全面推进"大思政课"建设的工作方案》以及上海市印发的《上海市"大思政课"建设综合改革试验区实施方案》为依托,本研究以"大课堂""大平台""大师资"为研究视角,以我国"思政课"到

"大思政课"的历史嬗变为出发点,整理梳理了我国思想政治理论课从相对独立走向体系发展的转变过程,对上海"大思政课"建设的实施现状、功能定位、指导思想、重点问题等进行了专题探讨,着重回答了上海"大思政课"建设"是什么"和"为什么"的问题。与此同时,在比较研究北京、天津、江西、陕西等"大思政课"综合改革试验区建设情况的基础上,结合当下上海"大思政课"建设的痛点、难点问题以及其他省市建设的有益经验,形成关于上海"大思政课"体系建设的对策分析,从课程建设、资源建设、队伍建设、体制机制建设等视角回答了"大思政课"体系建设"怎么办"的问题。最后,在总结上海"大思政课"体系建设研究的基础上,重点聚焦"大思政课"体系建设中的上海经验,对上海"大思政课"体系建设的时代意义进行系统概括。

本研究在广泛调查研究的基础上,整体梳理了上海"大思政课"体系建设的现状,基本搭建起了上海"大思政课"体系研究的理论框架。在研究内容上也遵照了教育部和上海的"方案"精神,基本涵盖了上海"大思政课"体系建设研究"大课堂""大平台"和"大师资"的三大方面。本研究力求能既指出思想政治教育中悬而未决的"老问题",又结合新的历史发展阶段,提出思想政治教育中的"新问题",为上海"大思政课"体系建设探索提供学理支撑和智识支持。

# 第一章
# 从"思政课"到"大思政课"

## 第一节 我国思想政治理论课建设的历史沿革

思想政治教育,是一个古老而年轻的课题。作为一种服从和服务于社会经济基础的上层建筑,思想政治教育的产生与国家及统治阶级的产生是相适切的。事实上,"一切国家的统治阶级为了维护其统治地位,总是坚持用自己的意志去培育人,运用种种手段,宣传各种有利于加强其统治的观点、理念,以期使教育对象认同其政治思想"①。因而,有效的思想政治教育总是既符合文化习惯又兼具政治功能的。然而,作为一种社会意识形态,思想政治教育又不得不随着经济社会的发展而在教育目标、教育内容、教育方式、教育手段上有所变化,以满足不同时代背景下受教育者在接收信息类型、获取信息渠道和处理信息方式上的改变。在这一张一弛之中,作为思想政治教育主渠道的思想政治理论课不仅显现着思想政治教育本身的张力与智慧,更为形成独具国家特色的思想政治教育体系提供了条件。

以 1949 年新中国成立为起点,我国思想政治教育经历了从艰难起步、缓慢发展再到渐成气候的数个重要阶段,其中思想政治理论课起到了穿针引线的重要作用。作为思想政治教育的关键抓手,思想政治理论课本身从

---

① 王瑞荪:《比较思想政治教育学》,高等教育出版社 2001 年版,第 5 页。

"思政课"到"大思政课"的发展与转变过程更成为描摹新中国成立以来思想政治教育发展演进的关键视角。

## 一、社会主义革命和建设时期的思想政治理论课建设(1949—1978)

新中国成立初期,国内各项建设都亟待发展,这在教育领域的显著表现就是要反对和革除长期以来的国民党反动政策教育,建设"新民主主义的,即民族的、科学的、大众的文化教育"[①]。从1949年至1978年,我国思想政治理论课的建设经历了从筹备启动、初步探索到曲折发展的三个阶段,其宝贵经验也为改革开放后思想政治理论课的蓬勃发展奠定了重要基础。

(一) 1949—1956年,思想政治理论课建设艰难起步

中国共产党对思想政治理论教育的重视由来已久,早在20世纪20年代中期,中国共产党就有意识地通过学校、工人夜校、平民女校等形式开展思想政治教育。例如:中国共产党早期领导人邓中夏、瞿秋白等就曾在老上海大学打通了社会主义青年团、进步学生向工人群体传播马克思主义理论的渠道,极大地推动了马克思主义理论的在地化、日常化和大众化传播[②]。此外,从瑞金时期到延安时期,包括红军大学、苏维埃大学等在内的高校也先后开设如"联共(布)党史""中国革命史""世界革命史"等课程[③],为当时的农民运动、军队建设以及统一战线的建立奠定了重要的思想基础。

新中国成立初期,华北人民政府高等教育委员会率先颁布了《华北专科以上学校一九四九年度公共必修课过渡时期实施暂行办法》和《各大学专科学校文法学院各系课程暂行规定》,废除了"国民党党义"等课程,确立了"新

---

① 中共中央文献研究室:《建国以来重要文献选编(第一册)》,中央文献出版社1992年版,第10~11页。
② 张青子衿、高立伟:《20世纪20年代马克思主义理论在地化、日常化和大众化传播谫论——以上海大学为例》,《上海大学学报(社会科学版)》2022年第5期。
③ 宋俭、廖玉洁:《将"四史"教育融入高校思想政治理论课教学体系的思考》,《思想理论教育》2020年第7期。

民主主义论""政治经济学""辩证唯物论与历史唯物论"作为过渡时期文法学院的公共必修政治课程①,而这三门课也初步构建了我国从1949年至1952年这三年间高等学校思想政治理论课的基本框架。

然而,在1951年1月教育部关于全国高等学校1950年度教学计划的审查中,发现部分高校把政治课列为选修课,甚至把《旧约》列为"马列主义名著选读"等现象,课程设置杂乱重复等乱象也不乏见②。据此,1952年教育部颁布的《关于全国高等学校马克思列宁主义、毛泽东思想课程的指示》中,便明确规定了全国高校马克思主义理论课的设置门数和课时数,要求综合性大学及财经、艺术院校自1952年起,依年级分别开设"新民主主义论"100学时、"政治经济学"136学时、"辩证唯物论与历史唯物论"100学时,同时增设"马列主义基础"课③。原来思想政治教育"三门课程"的框架结构也拓展为"四门课程"。

1953年6月,教育部考虑到高校"新民主主义论"与政治经济学中的"经济部分"有雷同之处,因而将"新民主主义论"课改为"中国革命史"。至此,以"中国革命史""政治经济学""马列主义基础"以及"辩证唯物论与历史唯物论"为内容的高等学校思想政治理论课体系正式形成。

1956年,教育部颁发的《关于高等学校政治理论课程的规定(试行方案)》(即"56方案")提出:在一年级开马列主义基础课。……二年级开中国革命史。……三年级开政治经济学。……四年级开辩证唯物主义与历史唯物主义④。"56方案"从思想政治教育教学的阶段性出发,对高校思想政治理论课进行了统一设计,以此为标志,我国高等学校思想政治理论课的早期体系初步确立(表1)。

---

① 教育部社会科学司:《普通高校思想政治理论课文献选编(1949—2008)》,中国人民大学出版社2008年版,第2页。
② 《全国高等学校一九五〇年度教学计划审查总结》,《光明日报》1951年4月15日。
③ 张健:《中国教育年鉴(1949—1981)》,中国大百科全书出版社1984年版,第422页。
④ 教育部社会科学司:《普通高校思想政治理论课文献选编(1949—2008)》,中国人民大学出版社2008年版,第27页。

表1　1949—1956年高校思想政治理论课课程设置情况

| 1949—1952年过渡期 | 1952年 | 1953年 | 1956年："56方案" |
|---|---|---|---|
| 新民主主义论<br>政治经济学<br>辩证唯物论与历史唯物论 | 综合性大学及财经、艺术院校开设：新民主主义论、政治经济学、辩证唯物论与历史唯物论、马列主义基础 | 中国革命史、政治经济学、马列主义基础、辩证唯物论与历史唯物论 | 马列主义基础<br>中国革命史<br>政治经济学<br>辩证唯物主义与历史唯物主义 |
| "三门"体系阶段 | "四门"体系初建，"政治课"名称取消 | "四门"体系确立 | |

除了高等学校思想政治理论课体系的初步确立外，这一时期，中学思政课体系也逐步确立。1950年，教育部印发的《中学暂行教学计划（草案）》中规定了初高中各学年均应设置政治课，并且政治课在排序上居各学科之首。1951年，教育部又印发了《关于改定中学政治课名称和教学时数及教材的通知》，要求自1951年秋季学期开始，中学政治课取消，改为具体科目讲授，初一、初二停课，初三讲授"中国革命常识"，高一停课，高二、高三第一学期讲授"社会科学基本知识"，高三第二学期讲授"共同纲领"，每周均为2小时①（表2）。

表2　1949—1956年中学思想政治理论课课程设置情况

| 1949—1950年 | 1951年 | 1953—1956年 |
|---|---|---|
| 原"党义""公民""童子军""军事训练"等课程取消<br><br>开设"政治科目"，但尚未制定统一教学大纲 | 初三：中国革命常识<br>高二、高三（上）：社会科学基本知识<br>高三（下）：共同纲领<br>11月后，"社会科学基础知识"改为"社会科学基本知识"，从初一到高三增设"时事政策" | 这一时期，中学思想政治理论课程一直处于调整之中。如在1953年规定初二开设"中国革命常识"，但又于1954年暂停。再如1956—1957年间，要求初三开设"政治常识"、高二开设"社会科学常识"、高三开设"中华人民共和国宪法"等。后初一、初三、高一、高二又相继取消、暂停了政治课 |
| | "政治"一科名称取消 | 并没有统一大纲和教材 |

---

① 中华人民共和国教育部办公厅：《教育文献法令汇编（1949—1952年）》，第185页。

但是，由于当时中学政治理论教育并没有统一的课本或者教学大纲，因此，虽在1951—1956年期间多次增设如"社会科学基本知识"、"共同纲领"等课程，但教育效果并不理想，特别是后期，中学阶段的思想政治教育的任务事实上是由专业课比如国文课、地理课、历史课以及后来设置的时事政策课来承担的。

通过对这一时期研究成果的追踪和分析发现，20世纪50年代初，全国范围内的大中小学都开展了大规模的抗美援朝爱国主义教育，并且在教育形式的选取上，除了一般做法的课堂讲授和专题报告外，还有如观看《美国之音》话剧、《攻克柏林》电影以及校内外宣传活动等其他形式①。与此同时，爱国主义的思想政治教育也在日常专业课程的教学中有所体现，比如，在1951—1952年就有多篇关于如何在地理课中贯彻爱国主义思想②、如何在国文教学中贯彻抗美援朝思想③、高中化学课程要怎样配合加强爱国主义教育④等研究性论文发表，可看作是比较早期的课程思政尝试。这一时期，为配合社会主义三大改造事业，以劳动教育和集体主义教育为主要内容的思想政治教育也逐步兴起，各地、各高校都有关于劳动教育的具体举措，并把劳动教育与社会主义觉悟的培养相结合，培养学生"劳动光荣"和毕业后积极投入生产的意识。

(二) 1957—1965年，思想政治理论课建设初步探索

1957—1958年，中共中央在全党开展了"整风""反右派斗争"以及"双反"运动，教育领域也积极响应号召。这一时期，初高中阶段的思想政治教育得到了比较好的发展。

1957年，毛泽东在《关于正确处理人民内部矛盾的问题》一文中指出：

---

① 陈力：《我校深入开展抗美援朝爱国主义教育小结》，《天津教育》1951年第2期。
② 陈文彬：《我怎样在教朝鲜地理时进行爱国主义教育》，《天津教育》1951年第10期。
③ 哈尔滨市文教局初等教育科：《在国语教学中贯彻思想政治教育的几点经验》，《人民教育》1952年第3期。
④ 朱励强：《高中化学课程要怎样配合加强爱国主义教育的意见》，《化学》1951年第10期。

"不论是知识分子,还是青年学生,都应该努力学习。除了学习专业之外,在思想上要有所进步,政治上也要有所进步,这就需要学习马克思主义,学习时事政治……思想政治工作,各个部门都要负责。"①同年,教育部颁布《关于中学、师范学校设置政治课的通知》,明确指出了学校思想政治教育的根本任务是"培养学生正确的世界观和人生观,培养学生的共产主义道德品质和为人民、为社会主义服务的根本思想",并强调"政治课应该是学校思想政治教育的一个十分重要的阵地,它和学校其他方面(各科教学、班主任工作、课外活动、时事政策教育、团队组织生活等)的思想政治工作配合起来共同教育学生"②;与此同时,通知还针对初中和高中不同学段接受知识能力和程度的不同特点,对思想政治教育进行了有步骤的安排,明确指出鉴于当时政治任务和基本政策的需要,在初一、初二年级开设以培育公民品德为目的的"青年修养"课程,在初三年级开设以讲授国家和社会制度以及当前任务为内容的"政治常识",在高一、高二年级开设以辩证唯物主义和历史唯物主义基本观点、方法为内容的"社会科学常识"以及在高三年级开设较"政治常识"而言内容更深刻的"社会主义建设"。

1963年,教育部印发的《关于实行全日制中小学新教学计划(草案)的通知》规定:"中学的政治课,按年级分别设置道德品质教育、社会发展简史、中国革命和建设、政治常识、经济常识、辩证唯物主义常识以及时事政策教育。"③一定程度上推动了初高中阶段思想政治教育课程体系的建立与发展。

高等教育领域并不像中学如此乐观。1957年12月,高等教育部、教育部联合颁发《关于在全国高等学校开设社会主义教育课程的指示》,规定先前四门马列主义必修课程停开一个学年,全国仅设置"社会主义教育"课。1958年,全国教育工作会议召开,会议精神后来写入中共中央、国务院于同

---

① 毛泽东:《关于正确处理人民内部矛盾的问题》,人民出版社1964年版,第23页。
② 《教育部关于中学、师范学校设置政治课的通知》,《中华人民共和国国务院公报》1957年8月17日。
③ 张健:《中国教育年鉴(1949—1981)》,中国大百科全书出版社1984年版,第737~740页。

年颁布的《关于教育工作的指示》。指示中明确"党的教育方针,是教育为无产阶级政治服务,教育与生产劳动结合",提出"全国应在三年到五年的时间内,基本上完成扫除文盲、普及小学教育、农业合作社社社有中学和使学龄前儿童大多数都能入托儿所和幼儿园的任务。应当大力发展中等教育和高等教育,争取在十五年左右的时间内,基本上做到使全国青年和成年,凡是有条件的和自愿的,都可以受到高等教育"①。在全国教育工作会议的指示下,各地高校都相继开展了政治教育等教育改革活动,比如北京师范大学就针对整风期间学校出现的各种资产阶级思想和错误观点,进行了教学方针、教学内容和教学方法的改革,提出在教育方法上采用"讲课、阅读、大鸣大放、大争大辩、写大字报、组织社会调查、参观访问、解答问题和思想总结相结合的办法,即整风学习的方法、群众自我教育的方法,来进行教育"②,甚至部分学校还片面强调体力劳动,要求学生停课到农村、工厂参加劳动等,思想政治教育出现龃龉。1960年,中央文教小组召开了全国文教工作会议,对教育"大跃进"进行了一定的反思,指出要检查批评共产风、浮夸风、强迫命令风、干部特殊风和瞎指挥风,贯彻"调整、巩固、充实、提高"八字方针,各地高校、教育工作者也开始反思形势政策教育与思想政治教育的关系,指出思想政治教育工作"不应片面强调形势政策教育,忽视马列主义基本原理的系统教育"③,高校的思想政治教育走回轨道。

1961年,中央宣传部会同教育部、文化部在北京召开全国高等学校文科和艺术院校教材编选计划会议,发布《改进高等学校共同政治理论课程教学的意见》(即"61方案"),对思想政治理论课程进行了恢复,明确规定了高校开设两类共同政治理论课:一是"马克思列宁主义基础理论",二是"形势与任务"。马克思列宁主义基础理论课程在文科各专业设"中共党史""马克

---

① 中共中央、国务院:《关于教育工作的指示》,《北京师范大学学报(办学经验总结专号)》1958年S1期。
② 《政治教育系教育改革方案(试行方案)》,《北京师范大学学报(社会科学版)》1958年第5期。
③ 吾惠东、徐德惠、曾广德、吴炳奎、方金英:《略谈高等学校的形势与政策教育——建校以来政治理论教育工作中的初步体会》,《福州大学学报(自然科学版)》1961年。

思列宁主义基础(主要学习毛泽东同志的政治学说)""政治经济学""哲学"等四门课;在理工农医和艺术、体育院校一般设"中共党史""马克思列宁主义概论(包括马克思主义三个组成部分)"两门课。"形势与任务"课为各专业、各年级的必修课程(主要内容是讲解国内外形势、党和国家的任务、方针、政策)①。1964年10月,中共中央批转中宣部、高教部党组、教育部临时党组《关于改进高等学校、中等学校政治理论课的意见》中进一步规范了高校政治理论课和中等学校政治理论课的科目和内容,规定今后高等学校共同政治理论课,除继续开设"形势与任务"课外,设置"中共党史""哲学""政治经济学";中等学校,除学习时事政策和选读毛主席著作外,今年新编和修订的四种课本(《做革命的接班人》《社会发展史》《我国社会主义革命和建设》《辩证唯物主义常识》),可在初中一年级到高中二年级的五个年级使用②(表3)。

表3　1957—1965年中学及高校思想政治理论课课程设置情况

| 1957年 | 1961年:"61方案" | 1964年 |
| --- | --- | --- |
| 高校:<br>原先的马列主义课程暂停,全国仅开设"社会主义教育"课 | 高校:<br>形成"两课"体系,规定开设**马克思列宁主义基础理论**:<br>**文科专业**:中共党史、马克思列宁主义基础、政治经济学、哲学<br>**理工农医和艺术、体育院校**:中共党史、马克思列宁主义概论(包括马克思主义三个组成部分)<br><br>各专业、各年级的必修课:形势与任务 | 高校:<br>形势与任务<br>中共党史(融入马克思列宁主义相关知识)、哲学(以《实践论》《矛盾论》《关于正确处理人民内部矛盾的问题》、《人的正确思想是从哪里来的?》等为教材)、政治经济学(原《政治经济学》教科书的剩余价值学说、帝国主义本性和资本主义必然灭亡的规律部分) |

---

① 教育部社会科学司:《普通高校思想政治理论课文献选编(1949—2008)》,中国人民大学出版社2008年版,第41页。

② 中共中央文献研究室:《建国以来重要文献选编(第十九册)》,中央文献出版社1992年版,第188~191页。

续　表

| 1957 年 | 1961 年："61 方案" | 1964 年 |
|---|---|---|
| 中学：<br>初一、初二：青年修养<br>初三：政治常识<br>高一、高二：社会科学常识<br>高三：社会主义建设<br>不久后，上述课程全部改为"以反右派斗争为中心的社会主义思想教育" | 中学：<br>初一、初二：道德品质教育<br>初二、初三：社会发展简史<br>高二、高三：辩证唯物主义常识<br>初三、高一、高二：中国革命和中国共产党 | 中学：<br>初一到高二使用《做革命的接班人》《社会发展史》《我国社会主义革命和建设》《辩证唯物主义常识》教材<br><br>选读：《毛泽东著作选读》《时事政策教育》 |

（三）1966—1976 年，思想政治理论课遭遇严重挫折

以 1966 年 5 月中共中央召开的中共中央政治局扩大会议和 8 月召开的八届十一中全会为标志，"文化大革命"开始，我国的思想政治教育陷入停滞，原有的思想政治理论课体系遭到破坏。

在"文化大革命"初期，中学政治课基本停开。1971 年，全国教育工作会议作出了"两个估计"的判断，一是在新中国成立后十七年"毛主席的无产阶级教育路线基本没有得到贯彻执行"，"资产阶级专了无产阶级的政"；二是大多数教师和新中国成立后培养的大批学生的"世界观基本上是资产阶级的"。这"两个估计"严重扰乱了学生群体的意识形态，全国范围内的青年学生在林彪、江青等反革命集团的利用下，开展了大规模的批斗思想政治教育工作者、学术权威等行动，出现"踢开教师搞革命""建立没有教师的学校"等现象，大中小学思想政治教育遭到严重破坏。此后，高校中开始出现关于"怎样把教育革命到底"的讨论，指出"批林批孔是向学生进行思想政治教育的最好课堂。学校领导要积极组织青少年、儿童投入运动，引导他们在斗争中认真看书学习，粗知一些马克思主义，研究法家的进步教育思想，批判儒家的反动教育思想"，并强调要"继续批判'师道尊严'，彻底废除修正主义的管、卡、压"[①]。直至 1976 年

---

[①] 《切实加强学生的思想政治工作　关于"怎样把教育革命进行到底"的讨论》，《湖南教育》1974 年第 8 期。

10月粉碎"四人帮"反革命集团,大学生的思想政治教育才得以纠偏。

从1949年到1978年,我国思想政治教育虽经历了曲折,但基本维持了"56方案"和"61方案"的框架安排,这也为之后的思想政治教育工作,特别是思想政治教育课的改革奠定了基础。与此同时,对教育科学的重视也催生了一批优秀的思想政治教育工作者,这也为20世纪70年代思想政治教育的复兴做好了准备,思想政治理论课的课程建设逐步走向正轨,并朝着体系化的方向发展。

## 二、改革开放和社会主义现代化建设新时期的思想政治理论课建设(1978—2012)

1978年12月,党的十一届三中全会胜利召开,决定把党的工作中心转移到经济建设上来,中国也进入了改革开放的新时期。20世纪70年代末至80年代初,处于历史转折期的青年群体中出现了对政治中立甚至反感的态度。为更好地掌握青年思想动态,壮大社会主义建设中坚力量,中国社会科学院青少年所及各省市青年研究会相继成立。青年研究作为一门学科被提上日程,以马克思主义理论为指导的思想政治理论课课程建设规模化兴起。

### (一) 20世纪80年代,思想政治理论课恢复重建并规模化发展

1978年,教育部办公厅下发《关于加强高等学校马列主义理论教育的意见》[①],对思想政治理论课进行了拨乱反正,明确要求各高校必须开设辩证唯物主义与历史唯物主义、政治经济学、中国共产党党史和国际共产主义运动四门课程。1979年,教育部政治理论教育司下发《高等学校政治理论课的基本情况和存在问题》,对当时教育普遍存在的教材不统一、教育内容不连贯以及教学方式、内容不适切等情况,进行了总结和反思。1980年,教育部印发《改进和加强高等学校马列主义课的试行办法》[②],要求"全国高校

---

[①] 教育部社会科学司:《普通高校思想政治理论课文献选编(1949—2008)》,中国人民大学出版社2008年版,第70~74页。

[②] 张健:《中国教育年鉴(1949—1981)》,中国大百科全书出版社1984年版,第835~837页。

开设中共党史、政治经济学和哲学"课程,其中"文科专业加开国际共产主义运动史,也可试开科学社会主义"。试行办法还强调"各高等学校一般都应该建立马列主义教研室","学校的党政领导同志也应尽可能担负一些马列主义课的教学工作"。同年,教育部印发《改进和加强中学政治课的意见》,对中学的政治课进行了调整和规定:从初一到高二依次开设"青少年修养"、"政治常识"(后改为"法律常识")、"社会发展简史"、"政治经济学常识"、"辩证唯物主义常识",时事政策课教育由学校党支部负责组织和讲授,学生日常思想工作由党支部、班主任和团、队干部负责①。1981年,教育部在北京召开全国学校思想政治教育工作会议,会议强调要从以下四个方面加强学生的思想政治教育:一是以《中共中央关于建国以来党的若干历史问题的决议》为教材,对学生进行坚持四项基本原则的教育;二是加强和改进马列主义理论课的教育;三是要加强集体主义和共产主义道德教育;四是加强劳动教育②。思想政治理论课建设再次回归正轨。

1985年,中共中央下发的《关于改革学校思想品德和政治理论课课程教学的通知》③(即"85方案")中,对小学、中学、大学以及研究生阶段的思想品德和政治理论课内容进行了更为明确、细致的要求,"85方案"奠定了我国20世纪80年代思想政治教育的基本格局。该方案包括在小学阶段进行以"五讲四美"和"五爱"为中心的社会常识和社会公德教育,在中学阶段进行道德、民主和法制、纪律教育和职业道德教育,在大学阶段进行以中国革命史、马克思主义基本理论以及中国社会主义建设和改革的理论、政策和实际知识的教育等。在该通知中,还提到了关于成立马克思主义理论课教材编审委员会的部分安排,统筹规划课程设置、教材编辑及审定、教学参考资

---

① 张健:《中国教育年鉴(1949—1981)》,中国大百科全书出版社1984年版,第837~838页。
② 《关于学位工作和加强学校思想政治教育工作的报告——蒋南翔同志在第五届全国人大常委会第二十次会议上的汇报》,《人民教育》1981年第10期。
③ 张健:《中国教育年鉴(1985—1986)》,湖南教育出版社1988年版,第996~997页。

料的研究和其他组织工作等。

以此为指导,思想政治理论课的课程改革及其体系化探索初现端倪。1986年3月,《国家教育委员会关于在高等学校进一步贯彻〈中共中央关于改革学校思想品德和政治理论课程教学的通知〉》中,规定高校马列主义课程设置为四门,即中国革命史、中国社会主义建设、马克思主义原理、世界政治经济和国际关系①。针对学生普遍关心的形势、人生、理想、道德等方面的问题,1987年10月,《国家教育委员会关于高等学校思想教育课程建设的意见》中指出,应有计划地开设一些思想教育课程,其中"形势与政策"与"法律基础"为必修课程,其余三门即"大学生思想修养""人生哲理""职业道德"可有选择地开设②,与马克思主义理论教育课共同作为思想政治教育的重要组成部分(表4)。此外,同年出台的《中共中央关于改进和加强高等学校思想政治工作的决定》还对教学方法进行了强调,指出要用"启发式"的教学方法替代"注入式"的教学方法。

表4 20世纪80年代中学及高校思想政治理论课课程设置情况

| 20世纪80年代初 | 1985年:"85方案" | 1987年 |
| --- | --- | --- |
| 高校:<br>中共党史、政治经济学、哲学课程<br><br>文科专业:<br>加开"国际共产主义运动史",也可试开"科学社会主义" | 高校:<br>中国革命史、马克思主义基本理论以及中国社会主义建设和改革的理论、政策和实际知识的教育等<br><br>四门马克思主义理论教育课确定:中国革命史、中国社会主义建设、马克思主义原理、世界政治经济和国际关系 | 高校:<br>应有计划开设思想教育课程,其中:<br><br>必修课:形势与政策、法律基础<br><br>选修课:大学生思想修养、人生哲理、职业道德 |

---

① 教育部社会科学司:《普通高校思想政治理论课文献选编(1949—2008)》,中国人民大学出版社2008年版,第110页。
② 教育部社会科学司:《普通高校思想政治理论课文献选编(1949—2008)》,中国人民大学出版社2008年版,第133页。

续　表

| 20世纪80年代初 | 1985年:"85方案" | 1987年 |
|---|---|---|
| 中学:<br>思想政治教育分为三部分:<br>**政治课程**:青少年修养、政治常识、社会发展简史、政治经济学常识、辩证唯物主义常识<br>**时事政策课**:学校党支部负责组织和讲授<br>**学生日常思想工作**:党支部、班主任和团、队干部负责组织 | **小学阶段**:以"五讲四美"和"五爱"为中心的社会常识和社会公德教育<br><br>**中学阶段**:开展道德、民主和法制、纪律教育和职业道德教育:<br>初一:公民<br>初二:社会发展简史<br>初三:中国社会主义建设常识<br>高一:共产主义人生观<br>高二:经济常识<br>高三:政治常识 | |

(二) 20世纪90年代,思想政治理论课建设渐成体系

经历了近20年的建设,我国思想政治教育在有条不紊中推进,"两课体系"逐步建立并不断深化。以1992年邓小平同志南方谈话和党的第十四次代表大会为标志,我国改革开放和社会主义建设事业进入了一个新的发展阶段,学校思想政治教育也较之前有了更为全面、深入的发展。

1993年2月,中共中央、国务院发布《中国教育改革和发展纲要》,明确把"用马列主义、毛泽东思想和建设有中国特色的社会主义理论教育学生,把坚定正确的政治方向摆在首位,培养有理想、有道德、有文化、有纪律的社会主义新人"①作为学校德育即思想政治和品德教育的根本任务。1994年7月,国家教委在北京召开全国高校政治理论课、思想品德课改革试点工作,针对1985年"两课"改革实践中所遇到的问题进一步明确了改革的指导思想、目标和内容,将学习"邓小平同志建设有中国特色社会主义"作为中心内容,并在课程设置、教学内容以及教学体系的安排上均围绕这一中心内容进行了设计。同年,在《中共中央关于进一步加强和改进学校德育工作的若干意见》中,"整体

---

① 《中共中央 国务院关于印发〈中国教育改革和发展纲要〉的通知》,《中华人民共和国国务院公报》1993年第4期。

规划学校德育体系"被首次提出。意见中强调:"各种教育内容的深浅和侧重点,要针对不同年龄及学习阶段的理解和接受能力有所不同,逐步提高。各教育阶段的德育课程、教学大纲、教材、读物,教育和管理方法,学生思想品德表现的评定标准及方式等都要据此加强整体衔接,防止简单重复或脱节。"①"整体规划学校德育体系"的提出也意味着我国思想政治教育正式进入了以系统思维整体推进的新阶段。1995年,国家教育委员会发布《关于高校马克思主义理论课和思想品德课教学改革的若干意见》,正式将"马克思主义理论课"和"思想品德课"简称为"两课"。以此为标志,学校思想政治教育正式迎来了以"两课改革"为内容、以"德育体系建设"为指向的理论与实践探索。

1998年,中共中央宣传部、教育部印发《关于普通高等学校"两课"课程设置的规定及其实施工作的意见》(即"98方案"),对专科、本科和研究生阶段的"两课"设置进行了更为具体的安排(表5)。相较于"85方案","98方案"的规定更加细致和具体,并根据国内外形势的变化进行了调整和更新,取消了"中国革命史",设置了"毛泽东思想概论",并特别补充了"邓小平理论概论"的内容,使得课程以"马克思列宁主义、毛泽东思想、邓小平理论"为顺序形成了逻辑连贯的教育体系,为之后的课程改革提供了示范。

**表5 20世纪90年代小学、中学及高校思想政治理论课课程设置情况**

| 1997年:课程标准(试行) | 1996年:课程标准(试行) | 1998年:"98方案" |
| --- | --- | --- |
| 小学、初中 | 高　　中 | 大　　学 |
| 小学:<br>一至二年级:日常行为规范<br>三至五年级:道德品质教育<br>六年级:道德规范教育<br>(五年制以次类推) | 高一:经济常识<br>高二:哲学常识<br>高三:政治常识 | **本科马克思主义理论课:**<br>马克思主义哲学原理<br>马克思主义政治经济学原理<br>毛泽东思想概论<br>邓小平理论概论<br>当代世界经济与政治<br>**专科马克思主义理论课:**<br>二年制:马克思主义哲学原理、邓 |

---

① 《中共中央关于进一步加强和改进学校德育工作的若干意见》,《人民教育》1994年第10期。

续　表

| 1997年：课程标准（试行） | 1996年：课程标准（试行） | 1998年："98方案" |
|---|---|---|
| 小学、初中 | 高　中 | 大　学 |
| 初中：<br>**初一年级**：良好心理品质、高尚道德情操和正确思想方法的教育<br>**初二年级**：法律常识的教育<br>**初三年级**：社会发展常识和基本国情教育 | | 小平理论概论<br>三年制：马克思主义哲学原理、邓小平理论概论、毛泽东思想概论<br>**专、本科思想品德课：**<br>思想道德修养、法律基础<br><br>**研究生马克思主义理论课**：科学社会主义理论与实践、自然辩证法概论（理工科开设）、马克思主义经典著作选读（文科类开设）<br><br>**博士生马克思主义理论课**：现代科学技术革命与马克思主义（理工类）、马克思主义与当代社会思潮（文科类） |
| 全日制小学、初中和高中各年级均不再分列课名，统称"思想政治课" | | 各层次均要开设"形势与政策"课 |

这一时期，小学和中学阶段思想政治教育衔接工作也取得了较好的进展。1992年，国家教育委员会印发《全日制中学思想政治课教学大纲（试行稿）》，指出全日制小学、初中和高中各年级均不再分列课名，统称"思想政治课"。其中，从初一到高三分别重点进行公民道德与法制教育、社会发展常识教育、中国特色社会主义和宪法常识教育、经济常识教育、哲学常识教育和政治常识教育①。1997年，国家教委印发《九年制义务教育小学思想品德课和初中思想政治课课程标准（试行）》，把小学思想品德与初中思想政治课作为一个整体考虑，由人民教育出版社承担新教材的组织编写和出版工作。

---

① 曾云、李海月：《新中国70年中学思想政治理论课的演变》，《中国德育》2019年第18期。

(三) 2005—2012年,思想政治理论课体系建设快速发展

进入21世纪以来,在深化教育改革以及全面推进素质教育的浪潮下,思想政治理论课建设进入了新阶段。

中共中央宣传部、教育部经过历时一年的对全国高校思想政治理论课调研工作,2005年2月,《中共中央宣传部、教育部关于进一步加强和改进高等学校思想政治理论课的意见》正式印发。同年3月,《〈中共中央宣传部、教育部关于进一步加强和改进高等学校思想政治理论课的意见〉实施方案》(即"05方案")下发。方案对本科思想政治理论课进行了调整,结束了"两课"的称呼,将课程名称确定为"思政课",同时确立"马克思主义基本原理""毛泽东思想、邓小平理论和'三个代表'重要思想概论""中国近现代史纲要"以及"思想道德修养与法律基础"为本科阶段四门必修课,另外开设"当代世界经济与政治"等选修课。专科生开设"毛泽东思想、邓小平理论和'三个代表'重要思想概论"以及"思想道德与法律基础"两门必修课。本、专科学生都必须开设"形势与政策"课,形成了高等学校"4+1"思政课课程体系。

2012年,教育部办公厅又印发专门文件对研究生思想政治理论课工作进行部署安排,决定在2012年春季学期,先开设硕士生必修课"中国特色社会主义理论与实践研究",在2012年秋季学期,开设博士生必修课"中国马克思主义与当代"和选修课"马克思主义经典著作选读"、硕士生选修课"自然辩证法概论"和"马克思主义与社会科学方法论",进一步深化和发展了我国研究生阶段思想政治教育的实践探索,构建了更为完善的思想政治理论课体系。

这一时期,思想政治教育大中小学一体化建设也有了进一步发展。2005年4月,教育部《关于整体规划大中小学德育体系的意见》①颁布,针对不同学段的思想政治理论课进行了科学设置,规定:小学开设以公民基本道德素质教育为基本内容的品德与生活、品德与社会类课程;中学开设以提高学生思想道德水平为基本内容的思想品德、思想政治类课程;大学开设"马克思主义基本原理""毛泽东思想、邓小平理论和'三个代表'重要思想概

---

① 《关于整体规划大中小学德育体系的意见》,《中华人民共和国教育部公报》,教社政〔2005〕11号。

论""中国近现代史纲要"和"思想道德修养与法律基础"等德育课程。此外，意见还对不同学段德育活动的重点、实施方法等给出了建议，并成立了大中小学德育工作专家指导委员会与大中小德育课程开发和教材编审委员会，保障和推动大中小德育课程的一体化建设。

2011年，教育部印发《义务教育思想品德课程标准》，形成初中阶段"成长中的我""我与他人和集体""我与国家和社会""思想品德课"三大模块以及高中"思想政治课"必修课四大模块与选修课六大模块，初、高中思想政治教育结构更为清晰，与中学和大学的衔接性进一步加强（表6）。

表6　21世纪初期小学、中学及高校思想政治理论课课程设置情况

| 2001、2003、2004年：课程标准 | 2011年：课程标准 | 2005年："05方案" |
|---|---|---|
| 小学、初中、高中 | 小学、初中、高中 | 大　　学 |
| 小学（2001）：<br>一至二年级加强文明礼貌、行为规范的养成教育<br>三至五年级增加关心和帮助贫困家庭、灾区人民的教育要求等<br>初中（2003、2011年）：围绕成长中的我，我与他人，我与集体、国家和社会等关系，整合道德、心理健康、法律和国情教育等内容<br>高中（2004年）：<br>高一至高二年级：经济生活、政治生活、文化生活、生活与哲学（贯彻小学、初中、高中阶段德育课程体系的思路）<br>选修课：科学社会主义常识、经济学常识、国家和国际组织常识、科学思维常识、生活中的法律常识、公民道德与伦理常识 | 初中："成长中的我""我与他人和集体""我与国家和社会"<br>高中：沿用2004年的必修四个模块与选修六个模块 | 本科：<br>必修课：马克思主义基本原理、毛泽东思想、邓小平理论和"三个代表"重要思想概论、中国近现代史纲要以及思想道德修养与法律基础<br>选修课：当代世界经济与政治<br>专科：<br>必修课：毛泽东思想、邓小平理论和"三个代表"重要思想概论和思想道德与法律基础<br>本、专科：都必须开设"形势与政策"课<br>硕士生：<br>必修课：中国特色社会主义理论与实践研究<br>选修课：自然辩证法概论和马克思主义与社会科学方法论<br>博士生：<br>必修课：中国马克思主义与当代<br>选修课：马克思主义经典著作选读 |

续　表

| 2001、2003、2004 年：课程标准 | 2011 年：课程标准 | 2005 年："05 方案" |
| --- | --- | --- |
| 小学、初中、高中 | 小学、初中、高中 | 大　学 |
| 《九年义务教育小学思想品德和初中思想政治课标准（修订）》（2001 年）<br>《全日制义务教育初中**思想品德**课程标准（实验稿）》（2003 年）<br>《普通高中思想政治课程标准（实验稿）》（2004 年）<br>《义务教育思想品德课程标准（2011 版）》（2011 年） | | 结束"两课"称呼，统一为"思政课" |

从 20 世纪 80 年代初至 2012 年是我国思想政治教育快速发展的 30 年。这 30 年间，高校思想政治理论课的课程体系日趋完整，初步建立起了比较完整的教育教学体系、专业人才培养体系、学科组织体系和学术研究体系。党的十七大以后，"中国特色社会主义理论体系"概念的提出直接推动了原"毛泽东思想、邓小平理论和'三个代表'重要思想概论"课更新为"毛泽东思想和中国特色社会主义理论体系概论"课，教材的编写、课程的管理以及学科的建设更为规范。与此同时，思想政治理论课的大中小学体系衔接意识也在体系构建的调整中不断适配，各个学段的思想政治教育任务逐步清晰、分工明确，这也为新时代以来思想政治理论课的体系化建设与创新发展打下了坚实的基础。

## 三、新时代中国特色社会主义建设时期的思想政治理论课建设（2012 年至今）

党的十八大以来，以习近平同志为核心的党中央提出了一系列治国理政新理念新思想新战略，丰富和发展了中国特色社会主义理论体系的理论与实践成果。这一时期，思想政治理论课建设重点更加明确：一方面，以高校为场域，"三全育人"格局清晰稳固；另一方面，以大中小学思政课一体化为目标，思想政治理论课体系化建设的方向更为明确。

（一）高校"三全育人"格局形成

新时代以来，以习近平同志为核心的党中央高度重视高校思想政治教育工作,对高校思想政治教育工作做出了一系列部署和安排。2014年3月,教育部印发的《关于全面深化课程改革落实立德树人根本任务的意见》指出:"高校和中小学课程改革从总体上看,整体规划、协同推进不够",要求"整体规划育人各个环节的改革,整合利用各种资源,统筹协调各方力量,实现全科育人、全程育人、全员育人。"①2016年,习近平总书记在全国高校思想政治工作会议上指出:"做好高校思想政治工作,要因事而化、因时而进、因势而新。要遵循思想政治工作规律,遵循教书育人规律,遵循学生成长规律,不断提高工作能力和水平。"②2017年,中共中央、国务院印发《关于加强和改进新形势下高校思想政治工作的意见》③,提出要坚持全员全过程全方位育人,把思想价值引领贯穿教育教学全过程和各环节。2018年,教育部发布《关于开展"三全育人"综合改革试点工作的通知》,从宏观、中观和微观层面要求各高校建立一体化育人格局,盘活高校思政课资源。以此为起点,全国各省市高校纷纷展开改革试点工作,形成了一批"三全育人"综合改革试点单位,极大激发了高校思想政治教育工作的整体性和连贯性,为高校思想政治教育营造了良好氛围。

(二)"大思政课"建设全面启动

2019年3月,习近平总书记在北京主持召开学校思想政治理论课教师座谈会并发表讲话,指出"办好思政课,最根本的是要全面贯彻党的教育方针,解决好培养什么人、怎样培养人、为谁培养人这个根本问题"④。

为贯彻落实习近平总书记讲话精神,同年,中共中央办公厅、国务院印发《关于深化新时代学校思想政治理论课改革创新的若干意见》,以"体系建设"为重点对学校思想政治理论课进行了规划和安排,不仅强调了思政课程与课程思政的有机融合,更对大中小学思政课一体化建设提出了要求。2020年,教育部办公厅成立了教育部大中小学思政课一体化建设指导委员

---

① 教育部思想政治工作司:《加强和改进大学生思想政治教育重要文献选编(1978—2014)》,知识产权出版社2015年版,第674~677页。
② 《习近平在全国高校思想政治工作会议上强调把思想政治工作贯穿教育教学全过程,开创我国高等教育事业发展新局面》,《人民日报》2016年12月9日。
③ 张淼:《北京社会科学年鉴》,北京出版社2018年版,第17~19页。
④ 习近平:《习近平重要讲话单行本》,人民出版社2021年版,第281页。

会,对大中小学思政课一体化建设进行领导、指导、咨询、示范、培育、研判等,大中小学思政课一体化建设在各省市逐步推进。2022年,教育部等十部门印发《全面推进"大思政课"建设的工作方案》,再次重申了思政课在党中央治国理政战略全局中的重要地位,从"大课堂""大平台""大师资"等多个角度推进"大思政课"建设,为推动习近平新时代中国特色社会主义的理论与实践成果有机融入教育教学的全过程提供行为指引与实践指导。2022年,为解决长期以来困扰思想政治教育工作的难点和痛点问题,即中小学学段思想政治教育的脱节、重复性高以及重视程度不够等问题,教育部印发了《关于进一步加强新时代中小学思政课建设的意见》,对中小学阶段思政课教育教学、师资队伍、工作机制等方面进行了规定和部署(表7)。

表7 党的十八大以来小学、中学及高校思想政治理论课课程设置情况

| 小学(2022年) | 初中(2022年) | 高中(2020年修订) | 大学(2020年) |
| --- | --- | --- | --- |
| 一至二年级:入学教育、道德教育、生命安全与健康教育、法治教育、中华优秀传统文化与革命传统教育<br>三至四年级:道德教育、生命安全与健康教育、法治教育、中华优秀传统文化与革命传统教育、国情教育<br>五至六年级:道德教育、生命安全与健康教育、法治教育、中华优秀传统文化与革命传统教育、国情教育<br>**教材**:《道德与法治》 | 七至九年级:生命安全与健康教育、法治教育、中华优秀传统文化与革命传统教育、国情教育<br>**教材**:《道德与法治》 | **必修课**:中国特色社会主义、经济与社会、政治与法治、哲学与文化<br>**选择性必修**:当代国际政治与经济、法律与生活、逻辑思维<br>**选修**:财经与生活、法官与律师、历史上的哲学家<br>**教材**:《思想政治》 | **本科**:马克思主义基本原理、毛泽东思想和中国特色社会主义理论体系概论、中国近现代史纲要、思想道德修养与法律基础(2021年改为"思想道德与法治")、形势与政策<br>**专科**:毛泽东思想和中国特色社会主义理论体系概论、思想道德修养与法律基础(2021年改为"思想道德与法治")、形势与政策<br>**选择性必修**:应围绕习近平新时代中国特色社会主义思想,党史、新中国史、改革开放史、社会主义发展史,宪法法律,中华优秀传统文化等设 |

续 表

| 小学(2022 年) | 初中(2022 年) | 高中(2020 年修订) | 大学(2020 年) |
|---|---|---|---|
| | | | 定课程模块<br>**选修课：**应围绕马克思主义经典著作，党史、新中国史、改革开放史、社会主义发展史，中华优秀传统文化、革命文化、社会主义先进文化，宪法法律等，开设本科及高等职业学校专科选择性必修课程<br>**硕士生：**中国特色社会主义理论与实践研究<br>**博士生：**<br>**必修课：**中国马克思主义与当代；选修课：围绕习近平新时代中国特色社会主义思想专题研究、马克思恩格斯列宁经典著作选读、马克思主义与社会科学方法论、自然辩证法概论等，开设硕士、博士研究生选择性必修课程，硕士研究生至少选择1学分课程 |
| 道德与法治课 | | 思想政治课 | 在全国重点马克思主义学院率先全面开设"习近平新时代中国特色社会主义思想概论"课，学分按有关要求执行 |

从 20 世纪 80 年代学术界对"德育体系"的初步探索、到 20 世纪 90 年代伊始首次提出"整体规划学校德育体系"、再到 21 世纪初"整体规划大中

小学德育体系"，以及2017年"构建大中小幼一体化德育体系"和2019年的"统筹大中小学思政课一体化建设"，我国思政课建设在理论与实践的探索与总结中日趋周密和完善。然而，尽管经历了近40年的理论与实践探索，但思政教育不平衡、不充分的现象依旧严峻，我国一些地方和学校的课程及教材体系仍需进一步精进，有的学校教师数量和配比都要加强，有的教师授课质量不高、对实践教学重视不够，有的课堂教学与现实结合不紧密，有的学校"第二课堂"重"活动"、轻"引领"，课程思政存在"硬融入"与"表面化"等现象。

当下，我国思想政治教育正处于由"线"到"面"的重要阶段，如何把党和国家的最新理论成果即习近平新时代中国特色社会主义思想的重要理论与实践成果融入思政课的教育教学中，建设"大课堂"，搭建"大平台"，建好"大师资"，提升思政课育人效果，成为教育学家、党政领导部门以及思政教育研究专家们的重要理论与实践课题。

## 第二节 "大思政课"体系建设的研究现状

自"大思政课"建设提出以来，国内学术界展开了与此相关的深入探索，为构建思想政治理论课的大体系出谋划策。纵观当前的研究成果，以"大思政课"建设的工作重点进行笼统分类，可大致形成纵向的以加强"大中小学思政课"的衔接性为主要内容的"一体化"建设研究，以及横向的以"三全育人""立德树人"为指向的"思政课程"和"课程思政"建设的"融合性"研究。这两部分研究，一是从学段衔接性的角度来构建"大思政课"的结构体系，一是从思政课和专业课的联动性视角来构建"大思政课"的内容体系，两者均构成当前"大思政课"体系研究的主要动态。

### 一、对"大思政课"建设的研究

依据研究主题进行分类，宏观意义上的"大思政课"建设研究可总体分为三类：一是对"大思政课"建设的总括性研究，包括目标、方法、途径、价值意义等；二是对"大思政课"中的学段衔接研究，包括衔接方法、衔接内容、衔接途径等；三是对"大思政课"中课程思政与思政课程如何融合的研究，包括融合渠道、融合途径、融合规范等。

(一) 对"大思政课"建设的总括性研究

关于"大思政课"建设的研究广泛集中于2020年至2023年，共形成研究成果2000余篇。这些研究中比较有代表性的有"大思政课"建设的协同研究(刘同舫，2019)、着力点研究(燕连福，2021)、内涵研究(沈壮海，2021)、科学意蕴与实践理路研究(王学俭等，2022)、价值意蕴与建构理路研究(许瑞芳，2021)、范畴关系研究(高国希，2021)、教育资源转化研究(董雅华，2022)等。例如，沈壮海在其研究文章中就提出："'大思政课'绝不是课堂之大。再大规模的课堂，放到广袤的天地之间，都不能称其为大。我们理解'大思政课'丰富内涵之时，一定要看到宏大的时代，看到鲜活的实践，看到生动的现实。"[①]这即为"大思政课"建设的历史站位指明了方向。再如许瑞芳等从"场景感""历史感""真实感"等几个维度描述"大思政课"建设的"大背景""大格局"和"大课堂"[②]，为"大思政课"建设提供了更为具象的谋划。此外，高国希还从思政课与"大思政课"的关系、满足发展需求与培育时代新人的关系、知识与价值的关系、内化与外化的关系、显性与隐性的关系、思想与行动的关系几个维度来论辩"大思政课"的创新之处，为新时代做好"大思政课"奠定了基调[③]。

2021年后，关于"大思政课"建设的研究不断聚焦和细化，形成了对伟大建党精神融入"大思政课"的路径研究(张士海，2021)、对"大思政课"的"大评价观"研究(张彦，2022)、对"大思政课"的教师队伍研究(卢黎歌等，2022)、对实践育人模式的研究(李仙娥，2022)以及对数字化建设的研究(彭

---

① 沈壮海：《"大思政课"我们要善用之：思考与探索》，《思想政治教育研究》2021年第3期。

② 许瑞芳、张宜萱：《沉浸式"大思政课"的价值意蕴及建构理路》，《思想理论教育导刊》2021年第11期。

③ 高国希：《试论关于"大思政课"的几对范畴关系》，《马克思主义理论学科研究》2021年第10期。

庆红,2023)等。以上研究充实了"大思政课"建设总体性研究的内容,也为后续"大思政课"建设的中观和微观研究提供了思路。

(二)对"大思政课"建设的学段衔接研究

"大思政课"建设的学段衔接研究暨"大中小学思政课一体化"建设是"大思政课"建设的一个重要内容,也是"大思政课"建设中着力理顺的难点之一。

"大中小学思政课一体化"的研究广泛集中于 2022 年和 2023 年,共形成研究成果 900 余篇。其中,宏观研究包括对"大中小学思政课一体化"的顶层设计研究(江鸿波等,2019)、进程推进的理念与思路研究(韩震,2020)、现实困境与实践策略研究(赵浚等,2021)、辩证关系研究(吴宏政,2021)等,如卢黎歌等在学习习近平总书记在学校思想政治理论课教师座谈会上的重要讲话精神笔谈中提出:"思政课一体化建设是一项教育领域中的系统工程,涉及到诸多方面,必须顶层设计、统筹推进。"[1]再如石书臣等从"机制建设"的角度为"大思政课"所涉及的多元主体、多种资源搭建了合作共建的平台[2],余华等从"思维革新"的角度指出"直面大中小学思想政治理论课面临的挑战和问题,优化思维方式,是深化大中小学思想政治理论课改革创新的基础和前提"[3]。以上均为"大思政课"建设的学段衔接研究提供了方法论的启示。

相较于宏观研究对顶层设计与系统思维的看重,中观研究和微观研究更加注重对具体领域和具体问题的分析。如中观研究中,对"大中小学思政课一体化"的教师队伍建设研究(石书臣,2019;徐蓉,2019)、课程内容研究(王立仁等,2019)、教材建设研究(刘力波等,2020)、教学评价研究(陈大文等,2021)、课程目标研究(杨威,2021)等,以教育教学的主要环节和要素为

---

[1] 卢黎歌、耶旭妍、王世娟等:《统筹推进大中小学思政课一体化建设研究——学习习近平总书记在学校思想政治理论课教师座谈会上的重要讲话精神笔谈》,《北京工业大学学报(社会科学版)》2020 年第 1 期。

[2] 石书臣、韩笑:《"大思政课"协同机制建设:问题与策略》,《思想理论教育》2022 年第 6 期。

[3] 余华、涂雪莲:《论大中小学思想政治理论课一体化建设的思维革新》,《思想理论教育》2020 第 2 期。

视角展开分析,点对点地解决和糅合大中小学思政课一体化进程中由于学段衔接所带来的难点和重点问题;微观研究中,对"四史教育"融入"大中小学思政课一体化"的研究(宋学勤等,2021)、"劳动教育"融入"大中小学思政课一体化"的侧重点研究(李仙娥等,2021)等,拓展了"大中小学思政课一体化"的开展形式,促进了"大中小学思政课一体化"建设的多维应用。

(三)对"大思政课"建设的学科融合研究

思政元素之"盐"融入专业课程之"水"是"大思政课"建设研究的另一个重要方面,这也是"大思政课"之"大"的时代性体现。

《全面推进"大思政课"建设的工作方案》中指出,当前课程思政存在"硬融入""表面化"等现象,必须要重点支持展开包括课程思政等在内的研究。近三年,关于"大思政课"建设的学科融入研究,或者更广义上的课程思政研究已经成为教育工作者的热中之热,原因在于课程思政研究不仅关乎思政课程,更关乎专业课程中的价值观塑造和职业观培养,是"立德树人"的重要抓手。

课程思政研究同样分为宏观、中观和微观三大层次。宏观研究旨在对课程思政的内涵、层次与价值予以界定,其中比较有代表性的成果包括课程思政的体系研究(高德毅,宗爱东,2017)、价值意蕴与生成路径研究(邱伟光,2017)、内涵与特征研究(王学俭,2019)。如高德毅等就指出:"多元价值交织、渗透的复杂背景下,单纯或过度依赖思政课对大学生进行价值引导的局限性日益凸显,亟需发挥多学科优势,全课程、全方位育人。"[1]再如邱伟光从"合目的性、合规律性、合必然性"的角度为课程思政建设提出了要求,强调"'课程思政'重在建设,教师是关键,教材是基础,资源挖掘是先决条件,制度建设是根本保障。只有充分发动和组织教师积极参与,才能促进'课程思政'的全面建设和发展"[2];王学俭等从课程思政的内涵研究出发,对课程思政建设的特点、难点进行了总结,从机制体制、课程建设、师资建设

---

[1] 高德毅、宗爱东:《从思政课程到课程思政:从战略高度构建高校思想政治教育课程体系》,《中国高等教育》2017年第1期。

[2] 邱伟光:《课程思政的价值意蕴与生成路径》,《思想理论教育》2017年第7期。

等多个角度为课程思政的全面铺展提供路径支持①,为课程思政的实践转化指明了方向。课程思政的中观研究更注重对不同课程的融入性研究,如大学外语课程的思政融入研究(文秋芳,2021;黄国文,2021)、理工科课程思政的评价指标体系研究(孙跃东,2021)、高等数学的课程思政案例研究(刘淑芹,2018)、体育类课程思政研究(胡德平,2022)等,这些研究为思政元素在专业课程中的针对性融入提供了方法论指导。在中观研究的基础上,微观研究则会以"课程"为例来进行教学内容、方法、途径的课程思政研究,如"大学生职业生涯规划""大学英语""大学英语教学指南"等课程都已形成具体的研究成果。

(四) 对上海"大思政课"建设的研究

上海是全国首批承担"三全育人"综合改革试点的区域,在思政课建设上经验丰富。自"大思政课"建设提出以来,围绕上海展开的研究不断涌现,其中比较有代表性的研究包括对上海打造思政课综合改革试验区的实践探索研究(沈炜,2022)、对"大思政课"综合试验区建设的体系研究(朱国花,2022)、对馆校合作教学的策略研究(赵程斌,2022)、对高职院校专业课课程思政与思政课协同育人研究(俞忠华等,2022)等,这些研究不仅从理论层面对上海"大思政课"建设予以反思,更为"大思政课"的实践开展提供了依循。

在理论研究持续跟进下,围绕上海"大思政课"展开的实践也日趋成熟。例如,上海市教委面向全市推出了社会主义核心价值观"超级大课堂"活动,针对大学生理论学习中的困惑,邀请一线专家面对面交流。上海各区教育单位也就"大思政课"建设展开了一系列生动有益的实践尝试,形成了包括"松江三人行"(丁冬汉,2022)、"模范公民"(苏晓云,2022)等可复制、可推广的教育教学案例。上海各级学校也根据教学安排推出了一系列品牌课程,如上海大学的"大国方略"、复旦大学的"治国理政"、同济大学的"中国道路"等,这些课程不仅配备了优质的资源,更邀请校领导和行业领军专家授课,进一步充实和优化了理论研究的素材,增进了理论与实践的相互转化。

---

① 王学俭、石岩:《新时代课程思政的内涵、特点、难点及应对策略》,《新疆师范大学学报(哲学社会科学版)》2020年第2期。

## 二、对当前"大思政课"研究的总结与评述

(一) 对当前"大思政课"研究的总结

国内学术界已形成对"大思政课"体系构建研究的初步探索,在整体结构、体系分类和价值意蕴的分析和阐释上均有所增进,形成了宏观层面的关于"大思政课"建设的理论研究框架。

(二) 对当前"大思政课"的评述

当然,光有理论研究是不够的。"大思政课"的体系建设与现实的结合不仅应重视理论层面的宏观建构,更应强调对实践层面微观适切的应用,即上海"大思政"体系建设,一方面必须兼具"大思政课"视野宽、领域广、多元化的建设共性,另一方面也要与地方的教育资源、文化底蕴与区位优势相适切,否则"大思政课"的相关研究就难以与宏观意义上的思想政治教育研究相区别。

上海不仅拥有社会主义现代化、国际化大都市的区位优势,还拥有着丰富的红色文化资源和深厚的海派文化底蕴,同时其教育资源更是十分雄厚,各行各业的领军人才均汇聚于此。如何在这样一个现代化程度高、文化资源丰富、教育资源扎实的中心地带开展"大思政课"的体系建设,从顶层布局的角度盘活和归置地区教育教学资源,以形成家庭、学校、社会共同参与的"大思政课"格局,是本研究亟待解决的重要议题。

# 第二章
# "大思政课"体系建设的理论基础

理论研究是实践转化的基础,"大思政课"的体系建设同样应在对我国思想政治教育一般理论的掌知中有序推进。马克思主义的世界观和方法论、中国化时代化的马克思主义思想政治教育理论以及中华优秀传统文化中的伦理智慧构成了"大思政课"体系建设的理论渊源。相较于以往传统思想政治教育研究对于"本质"和"目的"的追根溯源,"大思政课"更重视作为一种社会活动的思想政治教育的连贯性和系统性,因而对社会主要成员的"人"的认识是"大思政课"体系建设展开的起点。

## 第一节 马克思主义的世界观和方法论

每一个理论体系的背后都有一个元概念。从新时代关于教育根本问题暨"培养什么人、如何培养人、为谁培养人"的理论审思,到"立德树人"根本任务的最终确立,对"人"以及"人的全面发展"的思考始终是我国思想政治教育题中的应有之义,继承和发展了马克思主义关于"人"及其本质的深刻思考。

### 一、马克思主义经典著作中关于"人的本质"的讨论

"人"是马克思主义经典著作及其后的理论家们津津乐道的核心议题。在马克思看来,"人"既是自然存在物,更是能动的生命力体现,即现实的人。区别于传统古典哲学的"形而上",马克思将人置于社会存在和社会关系之

中,赋予"人"以"肉体的、有自然力的、有生命的、现实的、感性的、对象性的存在物"①的定义。

### (一) 人是肉体的、有自然力的,这是人的自然性和生命性的体现

从本质上而言,人是一种自然存在物,是与自然界的其他生物一般的存在。人类源于自然,并依赖于自然,与动物、植物甚至微生物一样,人从自然中获取空气、水、食物,并时时刻刻受到自然环境的影响,即"历史本身是自然史的即自然界生成为人这一过程的一个现实部分。自然科学往后将包括关于人的科学,正像关于人的科学包括自然科学一样:这将是一门科学"②。

### (二) 人是有生命的、现实的,这是人的社会性的体现

一方面,作为生命个体的人,是自然界系统作用的产物,是自然界的一部分;另一方面,作为现实的人,又是穿梭于社会关系之中的类存在。在"人"的身上,同时存在着自然因素和社会因素,即"人是最名副其实的政治动物,不仅是一种合群的动物,而且是只有在社会中才能独立的动物"③。正是在自然因素和社会因素的共同作用下,人不仅具有了共同的人性,同时也具有了具体的人性,并通过生命的运动不断促使"自然性的需要和行为在不同层次上与一定社会品质结合或交融"④。事实上,也只有在社会中,人的自然存在对于人而言才是合乎人性的存在,自然界对其而言也才是真正的复活。这可以归结为马克思非常著名的一句话——人的本质"在其现实性上,它是一切社会关系的总和"⑤。

### (三) 人是感性的、对象性的,这是人的主体性和实践性的体现

人的物质存在和精神存在同样都是对象性的存在。人不仅需要从自然

---

① 中共中央马克思恩格斯列宁斯大林著作编译局:《马克思恩格斯全集(第42卷)》,人民出版社1979年版,第168页。
② 马克思:《1844年经济学哲学手稿》,人民出版社1985年版,第85页。
③ 中共中央马克思恩格斯列宁斯大林著作编译局:《马克思恩格斯选集(第2卷)》,人民出版社1995年版,第2页。
④ 曾永成:《马克思人学生命观论略》,《成都大学学报(社会科学版)》,1996年第4期。
⑤ 中共中央马克思恩格斯列宁斯大林著作编译局:《马克思恩格斯文集(第1卷)》,人民出版社2009年版,第502页。

世界中提取生长、发展所需的物质资料,更在与外界的交互中不断获得精神的需要,并伴随着经济基础的发展不断获得智识水平的提升。"人作为对象性的、感性的存在物,是一个受动的存在物;因为它感到自己是受动的,所以是一个有激情的存在物。"①人通过有意识地活动和其他生物区分开来,并在主动掌握自然规律的前提下,拥有了其主体性地位。

正是在对"人"及其本质的审慎观察与认识下,思想政治教育才得以有针对性地展开,并进而在对"社会存在与社会意识"以及"人的全面发展"的理论深耕中进一步聚焦。

## 二、马克思主义经典著作中关于"社会存在与社会意识"的讨论

马克思指出:"一切划时代的体系的真正的内容都是由于产生这些体系的那个时期的需要而形成起来的。"②同样,思想政治教育及其内容的产生也与时代的发展紧密相关。

(一) 在人与人的关系中,最为本质的就是经济关系

在马克思看来,在人与人的关系中,最为本质的就是经济关系,其关于资本主义的批判在很大程度上即是对资本主义生产方式下人与人的异化关系的批判。然而,人的社会关系不仅体现在经济关系上,也体现在思想关系上。在物质资料的生产和再生产的过程中,人们不仅生产着其生活所需的各种产品,同时其社会意识也随之产生,并且这种社会意识的发展又受到所处时代即物质基础的影响,即社会存在决定社会意识。社会存在与社会意识将一直处于这样的动态平衡之中,一方面,旧的思想和社会意识会阻碍社会的发展;另一方面,先进的思想和社会意识又会不断地推动社会的进步和发展,即社会意识也会对社会存在产生反作用。

(二) 在社会发展的过程中,并不总是先进的思想和理论占主导

社会意识虽然是社会存在的反映,但却并不完全同步,总是需要有觉悟的先进分子首先进行传播教育,才能进一步推动更广泛大众的跟随。如列

---

① 马克思:《1844年经济学哲学手稿》,人民出版社1985年版,第126页。
② 中共中央马克思恩格斯列宁斯大林著作编译局:《马克思恩格斯全集(第3卷)》,人民出版社1960年版,第544页。

宁就曾在无产阶级革命运动的反思中,指出:"工人本来也不可能有社会民主主义的意识,这种意识只能从外面灌输进去,各国的历史都证明:工人阶级单靠自己本身的力量,只能形成工联主义的意识……"①因此,思想政治教育很难自发形成或自我获得,必须要依靠各种手段从外部予以强化,以形成统一的力量不断推动社会的前进。

事实上,一切国家的统治阶级为了维护他们的统治地位,都会运用各种手段来确认其统治观点、理念、手段的正确性。伴随着国家自身经济、政治、文化的发展,统治观点、理念和手段也会发生一定的革新。比如,美国的资产阶级民主教育,英国的绅士教育、公民教育、精英教育以及我国的思想政治教育等。这些关于意识形态的教育都并非一成不变的,而是随着经济社会的发展而不断优化和完善。可以认为,"思想政治教育学的这种意识形态性和阶级性,是阶级社会的一个共同特征"②。

## 三、马克思主义经典著作中关于"人的自由而全面发展"的讨论

在马克思主义经典著作的理论论域中,"人的自由而全面发展"是共产主义社会的一个重要特征,更是马克思主义哲学的一个核心概念,同时也构成了当代中国思想政治教育的价值范导。

### (一)"现实的个人"才是历史唯物主义的起点

在马克思看来,社会生产力的发展,究其根本,不过是个体实践力量的一个确证,即"整个所谓世界历史不外是人通过人的劳动而诞生的过程,是自然界对人来说的生成过程"③。正是无数个个体的发展不断地推动着整个社会的前进与发展,即"人们的社会历史始终只是他们的个体发展的历史"④。因

---

① 中共中央马克思恩格斯列宁斯大林著作编译局:《列宁全集(第6卷)》,人民出版社2013年版,第29页。
② 教育部社会科学研究与思想政治工作司:《比较思想政治教育学》,高等教育出版社2012年版,第7页。
③ 中共中央马克思恩格斯列宁斯大林著作编译局:《马克思恩格斯全集(第3卷)》,人民出版社2002年版,第310页。
④ 中共中央马克思恩格斯列宁斯大林著作编译局:《马克思恩格斯选集(第4卷)》,人民出版社1995年版,第532页。

此,社会发展的终极状态即共产主义社会的现实表征之一,也应是每个个体实现其自由而全面的发展。

### (二)每个人自由而全面发展也构成一切人自由而全面发展的前提

在马克思看来,个人与社会并不是对立的,社会事实上就是无数个联合起来的个人。因此,个人利益和集体利益也不是对立的,两者并非何者臣服于何者的问题,而恰恰是一个独立个体之间交互和谐的过程。马克思指出:"从前各个人联合而成的虚假共同体,总是相对于各个人而独立的……在真正的共同体的条件下,各个人在自己的联合中并通过这种联合获得自己的自由。"①

对人的自由而全面发展的追求不仅构成了马克思主义经典著作的核心内容和观点,也是我国思想政治教育的目标指向,这既包括从人的体力、个性、智力、品质等方面予以规定的"人的全面发展",也包括从社会发展水平、共产主义理想等维度予以规定的"人的自由发展"。但是,两者在逻辑上并不完全割裂,"人的全面发展"从某种意义上也暗含着对"人的自由发展"的肯定,同样,对"人的自由发展"的追求也蕴藏着"人的全面发展"的内在规定。

## 四、马克思主义经典著作中的"系统思维"

除了对人的本质、社会存在与社会意识以及人的自由而全面的讨论思考,"大思政课"的建设中更应遵循马克思主义理论的一项重要思维方式——"系统思维"。可以认为,"大思政课"之"大",不在范围,不在要素,而在于更大范围与更多要素的综合布局,其中正确使用系统思维便是下好这一副大棋的关键。

### (一)"系统思维"散见于马克思主义经典著作的各个方面,是马克思主义辩证唯物主义的代表性方法

马克思认为:"现在的社会不是坚实的结晶体,而是一个能够变化并且

---

① 中共中央马克思恩格斯列宁斯大林著作编译局:《马克思恩格斯选集(第1卷)》,人民出版社1995年版,第119页。

经常处于变化过程中的有机体。"①因而,认识就其本性而言对于每一个体乃至漫长的代际更替都是相对的且必然是趋于完善的,是综合作用的产物。这一思维方法更在恩格斯的"历史合力说"中得到了充分的体现,恩格斯指出:"历史是这样创造的:最终的结果总是从许多单个的意志的相互冲突中产生出来的,而其中每一个意志,又是由于许多特殊的生活条件,才成为它所成为的那样。这样就有无数互相交错的力量,有无数个力的平行四边形,由此就产生出一个合力,即历史结果。"②

(二)"大思政课"必须以系统思维予以实施

作为一个有机体,"大思政课"建设涉及家庭、学校、社会三大场域,涵盖课程教学、平台构建、师资组成等多个要素,必须以系统思维予以实施,才能有机协调好这一工程中的各个要素,激活每一环节的属性与功能,这就与传统的具有学段属性的、以课程为主、以学校为主场域的思想政治理论课区别开来了。

综上所述,"大思政"建设在新时代的提出,正是充分继承和发展了马克思主义经典著作中关于人的本质及其发展的核心思想,灵活运用了社会存在与社会意识辩证统一关系,其关于"大思政课"建设的顶层设计与策略安排无不与党的十八大以来政治、经济、文化、社会、生态协同发展的现实基础以及建设社会主义现代化强国的远景目标相适切,充分体现了思想政治教育的阶段性目标任务及其时代要求,为解决"培养什么人、如何培养人、为谁培养人"这一当代教育的根本问题指明了方向。

## 第二节 中国化时代化的马克思主义思想政治教育理论

20世纪20年代初,中国共产党早期领导人邓中夏、瞿秋白等充分继承

---

① 中共中央马克思恩格斯列宁斯大林著作编译局:《马克思恩格斯全集(第42卷)》,人民出版社2016年版,第17页。
② 中共中央马克思恩格斯列宁斯大林著作编译局:《马克思恩格斯选集(第4卷)》,人民出版社2012年版,第605页。

和发展马克思、恩格斯、列宁等无产阶级领袖在政治宣传和政治动员上的先进经验,利用学校积极传播马克思主义理论,培养了大批满怀革命理想的先进青年,被认为是我国早期思想政治教育的重要尝试。经历了百余年的发展,我国逐步探索形成了中国化时代化的马克思主义思想政治教育理论,为当下的"大思政课"建设积累了厚实的在地化理论与实践经验。

## 一、思想政治教育的本质论

对思想政治教育本质的解答构成我国思想政治教育研究的起点。从20世纪80年代至今,对思想政治教育本质的讨论从未间断,形成了包括《思想政治教育学概论》(邱伟光,1988)、《思想政治教育学》(王礼湛,1989)、《思想政治教育学》(王瑞荪、竹立家,1989)、《现代思想政治教育学》(张耀灿等,2001)、《思想政治教育原理与方法》(骆郁廷,2010)等在内的重要理论成果。纵观当下学术界关于思想政治教育本质是什么的讨论,可大致梳理出三种主要观点:

(一)思想政治教育的本质是意识形态性

有学者认为,意识形态性是思想政治教育的最为一般且普遍的特性[①]。无论是西方的政治社会化,还是中国的思想政治教育,意识形态性是其共同属性。然而,思想政治教育又因其对政治教育的重视,与其他教学活动和道德教育区别开来。因此,意识形态性理应成为思想政治教育的本质属性。

(二)思想政治教育的本质是"灌输"

以"灌输"作为思想政治教育本质的观点在学术界中不乏支持者。从20世纪80年代起,思想政治教学的大部分教科书都将"灌输"作为思想政治教育的本质,如有学者就指出:"我们把灌输确定为思想政治教育的本质,是对马克思主义灌输理论的高度评价。"[②]事实上,国内思想政治教育界将"灌输"作为其本质,在很大程度上受到了列宁的影响。在列宁看来,只有从

---

[①] 石书臣:《思想政治教育的本质规定及其把握》,《马克思主义与现实》2009年第1期。

[②] 刘书林、陈立思:《青年思想政治教育学原理》,中国青年出版社1999年版,第20页。

外部将无产阶级革命思想"灌输"到工人阶级之中,工人阶级才能真正地蜕变成为自为的阶级,思想政治教育的使命就是要通过教化和灌输,让一定的社会意识形态广泛深入到群众之中。

(三) 思想政治教育的本质在于思想掌握群众

2012 年,骆郁廷在《马克思主义研究》上发表的文章《思想政治教育的本质在于思想掌握群众》,再一次掀起了国内学界关于思想政治教育本质的探讨。骆郁廷以马克思在《〈黑格尔法哲学批判〉导言》中的一段话,即"理论一经掌握群众,也会变成物质力量。理论只要说服人,就能掌握群众;而理论只要彻底,就能说服人。所谓彻底,就是抓住事物的根本"[①]为重要援引,对思想政治教育的政治性、群众性、实践性和超越性进行了讨论,认为其是思想政治教育区别于其他社会实践活动的本质区别。

与此同时,也有学者并未局限于思想政治教育的某一种特性,而是将思想政治教育的本质概括为"目的性、实践性和超越性",认为思想政治教育应是一种"有目的性、具有超越性的实践活动"[②]等。此外,也有学者直接将"政治性""阶级性"等作为思想政治教育的本质属性。这些研究从不同维度对思想政治教育的本质进行了讨论,进一步丰富和拓展思想政治教育本质理论的理论视野和学理论域。

## 二、思想政治教育的规律论

列宁曾指出:"规律和本质是表示人对现象、对世界等等的认识深化的同一类的(同一序列的)概念,或者说得更确切些,是同等程度的概念。"[③]对思想政治教育的一般规律的认识,也是我国思想政治教育学主要探讨的学术问题之一。伴随着思想政治教育重要性的逐步体现,对思想政治教育一般规律和具体规律的探索和掌知为新时代加强"大思政课"建设提供了重要

---

[①] 中共中央马克思恩格斯列宁斯大林著作编译局:《马克思恩格斯选集(第 1 卷)》,人民出版社 1995 年版,第 9 页。

[②] 郑永廷:《论思想政治教育的本质及其发展》,《教学与研究》2001 年第 3 期。

[③] 中共中央马克思恩格斯列宁斯大林著作编译局:《列宁全集(第 55 卷)》,人民出版社 1990 年版,第 127 页。

学理支持。

对我国思想政治教育一般规律的讨论,主要遵循两个维度:一是从教育实践的一般规律出发探讨思想政治教育的规律;二是从思想政治教育的教学特殊性出发探索思想政治教育的规律。

(一)思想政治教育要遵循教育教学的一般规律

学界普遍认为,抛开思想政治教育本质的特殊性不谈,思想政治教育从其实现形式来看,就是一种教育教学活动。既然是一种教育教学活动,那必然要遵循教育教学的一般规律,即教书育人规律和学生成长规律。如教育主体和教育受体的一般互动规律、知识传授与能力培养的联动互为规律、理论与实践的一般联系规律等。与此同时,思想政治教育本身也应重视被教育者的成长发展规律和知识获得规律,如在教育过程中应同时考量被教育者的情绪、兴趣、情感、意志、道德等的发生发展状态,并在教育的不同阶段有意识地设计和安排与被教育者年龄、阅历、所处经济社会发展阶段等相适应的教育内容等。

(二)思想政治教育也有其具体规律

比如,思想政治教育与社会主义先进文化相适应的规律。思想政治教育的内容应与国家的政策和规划相统一,并伴随着国家的阶段性发展而不断跟进,即思想政治教育的开展必须服务于这一阶段国家发展的要求。因此,思想政治教育本身理应代表着社会主义先进文化的发展要求,具有鲜明的政治指向和时代特征。再如,思想政治教育的科学价值统一律。在实践过程中,思想政治教育常常遇到"政治的教育"与"教育的政治"之间的矛盾,两者的矛盾推动着思想政治教育的科学价值统一律的形成,即思想政治教育坚持以科学性为前提,以价值性为根本追求,并致力于寻求两者的统一①。此外,还有如主客体双向互动律、政治社会化规律、社会意识外化内化律等,均是以思想政治教育的特殊性为论点展开探索其具体规律的。

除了上述比较多见的几种规律外,也有学者立足阶段发展的特征,对思

---

① 王易、宋健林:《试论思想政治教育的基本规律》,《教学与研究》2019年第12期。

想政治教育的规律进行了创新研究,如张耀灿就曾结合时代发展要求指出思想政治教育实施过程中的新规律,即"主导性与多样性统一规律、社会化规律、主体间多向互动规律等"①,多维解读了思想政治教育规律的其他特性。

### 三、思想政治教育的方法论研究

社会科学中的每一个学科,均有自己的方法论,思想政治教育研究亦然。思想政治教育的方法论既具备教育学一般方法论的特征,同时也有其特殊性。以思想政治教育本质论和规律论为基础,对大中小学思想政治教育基本方法的讨论也如火如荼展开。特别是 21 世纪以来,在互联网技术的普遍应用下,思想政治教育方法的研究更是成为国内学术界着重探讨的学术议题之一。

(一)思想政治教育的方法是"理论灌输法"

根据定义,"理论灌输法"指的是"教育者有目的、有计划地向受教育者进行马克思主义理论教育,引导受教育者逐步树立科学的世界观、人生观、价值观的方法,主要包括理论讲授、理论学习、理论宣传、理论培训、理论研讨等具体形式"②。伴随着理论界对"理论灌输法"认识的不断深化,对"灌输"的理解也有所不同,出现了"硬灌输"和"软灌输"两种观点。"硬灌输"指的是通过强制手段迫使人们同意或相信某种理论和信仰,是与"情感法"截然对立的一种强输入手段。"软灌输"则是"理论灌输"与"情感法"的结合,指的是通过讲故事、说道理、案例讲解等方式引导学生认识和认同某种理论与观点,如"渗透式灌输""对话式灌输""柔性灌输"③等。

(二)思想政治教育的方法是"问题导向法"

"问题导向法",即聚焦不同学龄段学生在学习过程中出现的各种问题,

---

① 张耀灿:《思想政治教育的特点和规律探析》,《思想·理论·教育》2005 年第 3 期。
② 郑永廷:《思想政治教育方法论》,高等教育出版社 1999 年版,第 120 页。
③ 徐春艳:《从传统走向现代的灌输方法——近年来关于思想政治教育灌输法研究的综述》,《思想政治教育研究》2016 年第 3 期。

以问题为切入点,展开思想政治教育。伴随着互联网技术的发展,受教育者可以通过各种网络资源如微信、微博等获取信息,而在这些纷繁复杂的信息中,受教育者是较难及时做出反应和辨别的,特别是意识形态的网络战更为互联网环境下的思想政治教育增加了难度。因此,在思想政治教育的实际开展中,必须要带着问题进课堂,将受教育者对国情、世情的疑惑融入课堂教学之中,在解决思想难题的过程里深化受教育者的政治认同。

(三)思想政治教育的方法是"理论与实践相结合法"

近年来,在"思政课程与课程思政"的大融合趋势下,思想政治教育也出现了从"课堂"到"社会"的转向。以"社会实践"为主要载体,我国思想政治教育在实施过程中,不仅要求受教育者掌握思想政治教育的基本理论知识,同时也要求受教育者通过积极投入实践活动来进一步深化对理论的认识和学习。如鼓励大学生利用寒暑假积极开展社会实践,参加大学生社会实践比赛、创新创业大赛等,这些创新举措进一步推动了思想政治教育与社会现实的结合,丰富了思想政治教育的课堂形式,为新时代开展"大思政课"奠定了重要基础。

除了上述的三种方法外,学者们也针对不同场域、学段、群体,对思想政治教育的方法进行了更为细致化的研究。特别是近年来,网络思想政治教育的发展也不断推动和完善了思想政治教育方法的体系化研究,形成了兼具工具性和目的性的方法论体系。在国家、社会和教育界的共同努力下,中国化时代化的马克思主义思想政治教育理论不断深化发展。新时代以来,习近平总书记高度重视"思想政治教育",提出了一系列新观点、新理念和新措施,理清了我国思想政治教育的任务和目标,赋予了我国思想政治教育以重要使命,有力地丰富和发展了中国化时代化的马克思主义思想政治教育理论。

## 第三节 中华优秀传统文化中的伦理智慧

中华优秀传统文化中同样蕴含着丰富的思想政治教育智慧,这是中国思想政治教育理论形成的重要文化土壤,也是中国思想政治教育区别于其他国家意识形态教育的重要原因之一。可以认为,中华优秀传统文化中的伦理智慧是我国思想政治教育得以形成的伦理根基,具有深厚的文化意蕴。

## 一、人性论

对"人"及其本性的讨论是中国哲学的基石性问题之一,区别于西方文化中致力于解决"人性是什么"的问题,中国哲学更重视对"人性应该是什么"的讨论,这实际就塑造了我国思想政治教育的基本立场。中国古代智者们对"人性"的认识可大致归为三类:性善论、性恶论(或善伪论)、性无善无恶论(性中论)。

(一) 孟子是性善论的主要支持者

"人无有不善,水无有不下。"(《孟子·告子上》)孟子认为,人性本来就是善的,每个人生下来就具有"良知"和"仁义",即"以仁识心"。在孟子看来,人是具有善端的,本身就具备向善的价值偏好。人性之所以有恶,是因为外界物质欲望的诱惑而破坏了人善性的完善。因而,对这些由于外界诱惑而忘记本心的人,要加以教育,即通过教育来使之恢复善良的本心。

(二) 荀子是性恶论或善伪论的主要支持者

在荀子看来:"人之性恶,其善者伪也。今人之性,生而有好利焉,顺是,故争夺生而辞让亡焉。"(《荀子·性恶》)荀子认为,人的本性中必然有"好利""疾恶""好声色"之性,如果任由人的发展,必然会导致争端的发生。但同时,荀子也同意"心"是具有善端的,也就是说,人性虽恶,但并不是不能挽救的,通过对人的智识的引导,即以礼仪法度规劝人的意识和行为,是可以帮助人远离恶的本性而逐步向善的。

(三) 董仲舒是性无善无恶论的主要支持者

董仲舒将人的"性"分为三类:"圣人之性"、"斗筲之性"以及"中民之性"。"圣人之性"是至善之性,"斗筲之性"则是至恶之性,而"中民之性"是可善可恶的。董仲舒认为,人源于自然,因此其性也属自然之性,要使老百姓具有善的品质,就必须要对其进行教化,使其"正其谊不谋其利,明其道不计其功"(《汉书·董仲舒传》)。

然而,中国哲学中关于"人性"的认识远远不是简单的通过"性善论""性恶论""性无善无恶论"就能概括的,其背后蕴含的是古代哲人深刻的关于人的价值与使命的讨论。无论是性善论、性恶论还是性无善无恶论,都强调了后天教化对于人的善性培育的重要性,即"树人"在于"立德",这也为思想政治教育在当代的发展提供了重要的启示。

## 二、义利观

中华优秀传统文化中对"义利"的讨论塑造了我国思想政治教育的价值偏好。关于义利的讨论在我国古代非常多,如孔子的"君子喻于义,小人喻于利"、董仲舒的"天之生人也,使人生义与利"、宋明理学时期的"义者,天者之所宜也;利者,人情之所欲也"等,均体现了古代哲人们对"义利之辩"的深刻思考。我国义利观可分为重义轻利、重利轻义以及义利并重三种。

(一)重义轻利

重义轻利者将"义"看作是美德的体现,而将"利"看作是私欲的彰显,儒家学说中大部分都支持这一观点,如《论语》中"君子喻于义,小人喻于利"(《论语·里仁》)、"君子义以为上"(《论语·阳货》)等论述都将"义"看作是美好品德的体现。这一观点在宋明时期更加凸显,如程颢就曾指出"出义则入利,出利则入义",把"利"与"义"截然对立起来,还认为"义利云者,公与私之异也"(《二程遗书》卷十一)。

(二)重利轻义

重利轻义者则多见于法家,如管仲曾言:"仓廪实则知礼节,衣食足则知荣辱。"(《管子·牧民》)认为只有物质资料丰裕了才有精神生活的追求,因此"义"应该是生于"利"之中的。再如王充所言"谷足食多,礼义之心生"(《论衡·治期》)同样论述了利是礼义之心产生的基础。

(三)义利并重

还有部分古代哲人认为利义是同等重要的,比如《周易》中的"利者,义之和也"(《周易·乾·文言》)就认为"利"的产生是"义"不断累积作用的结果,内蕴着利义一致且可以相互转化的思想;墨子更直接,认为义就是要利人、利天下,如果不能利人、利天下,那就是祸害。

从古代哲人们的"义利之辩"中,我们也可以看到,关于义利的辩论其实从本质上来说是关于公利和私利的辩论,一旦"利"为"私利",那就是对别人的不义,也就不能称为是真正意义上的"义"了。但若"利"为"公利",则为天下之良宝,是可以兼而有之的。

伴随着现代化的深入发展,对义与利的理解,已不能单纯地从道德伦理的角度来解读。"义利之辩"是一个庞大而复杂的理论体系,其中涉及的政治、经济、文化和社会因素是多重多样的。新时代以来,习近平总书记在多个场合均指出了树立正确义利观的重要作用,特别是在外交事务中更强调了义利观的实践价值。在社会主义建设的大背景下,我们不仅要坚持重义的精神品质,更要在实践中致力于构建一个义利统一的社会环境,引导社会大众正确认识个人利益与国家利益、民族利益与国际利益之间的辩证统一关系,以正确的义利观引导实践活动。

### 三、知行观

中国古代文化中关于知与行的讨论最早可追溯至春秋战国时期,在《左传·昭公十年》中就存在着"非知之实难,将在行之"的说法。而后,在王阳明的理论深耕中,"知行合一"应运而生。中华优秀传统文化中关于知与行关系的讨论,对当代思想政治教育的开展、特别是"大思政课"与现实的结合起到了重要的借鉴意义。

王阳明的"知行合一"说,从理论层次上,可细剖为三。

(一) 对"知"与"行"关系的统一性的确证,即"知是行的主意,行是知的功夫"

在王阳明看来,"知"与"行"并不是如"救弊"之说所认为的是完全分开的两件事,而是统一于人的实践过程之中的。其中,"知"是"行"的前提,是行的基础;"行"是"知"的实现,是对"知"的表达。对于此观点,也有学者从意向与行为的角度对其进行阐释,将"知行合一"理解成为有意识的行动与用以行动的意向之间的相互融合[①]。

---

① 方旭东:《意向与行动——王阳明"知行合一"说的哲学阐释》,《社会科学》2012年第5期。

## （二）"知"源于"行"，即"格物致知"

王阳明吸收和借鉴了朱学中关于"格物致知"的核心思想，将"格物致知"与"知行合一"相融合，即"天下岂有不行而学者邪？岂有不行而遂可谓之穷理者邪"①。在王阳明看来，实践是获得真知的重要途径，以"心即理"为基础，"行"本身也是"知"的一个过程，以"格致"为转换，"知"与"行"相互补充，共同构成"知行合一"的完整环节。正如习近平总书记在考察北京大学时所指出的："道不可坐论，德不能空谈。于实处用力，从知行合一上下功夫。"②

## （三）"知行合一"的实践本质即"体究践履""实地用功"

近年来，国内学术界在研究"知行合一"思想时，将其归于实践哲学的理论视域之中，指出由"知行合一"的实践活动而建立起来的属于主体自身的生活世界，即是其生存意义与价值的全部境域③。"知行合一"理念对我国思想政治教育的影响不仅体现在对"知"与"行"关系的把握上，更强调了理论与实践之间的辩证统一关系，这不仅是对马克思主义经典理论中"实践"的呼应，更回应了"如何培养人"这一教育的根本问题，为加强思想政治教育与现实的结合找到了进路。

以上所述的三大部分为"大思政课"研究框定了理论的框架，但若从更广泛的教育学的一般原理出发，"大思政课"体系建设的理论基础并不仅限于以上部分，还包括对西方政治社会化理论、心理学、教育学等相关学科的理论基础的借鉴与吸收。但是，马克思主义的世界观和方法论、中国化时代化的思想政治教育理论以及中华优秀传统文化中的伦理智慧，始终构成了我国思想政治教育的学理主体。正是在对上述思想智慧的合理继承上，我国思想政治教育的体系化发展不断深入，对思想教育本身的认识和理解也不断更新，这些均为新时代"大思政课"的体系建设提供了重要的经验积累和学理支持。

---

① 王阳明：《传习录中·答题东桥书》，《王阳明全集》，上海古籍出版社2011年版，第45～46页。
② 习近平：《青年要自觉践行社会主义核心价值观》，人民出版社2014年版，第11页。
③ 董平：《王阳明哲学的实践本质——以"知行合一"为中心》，《烟台大学学报（哲学社会科学版）》2013年第1期。

# 第三章
# "大思政课"体系建设的目标指向

## 第一节　新时代深入贯彻落实立德树人根本任务的必然要求

党的十八大报告指出,"把立德树人作为教育的根本任务,培养德智体美全面发展的社会主义建设者和接班人"①,这是"立德树人"首次作为教育的根本任务得以正式确立。2016年,习近平总书记在全国高校思想政治工作会议上强调:"高等教育必须坚持正确的政治方向,高校立身之本在于立德树人。"②2018年,在北京大学师生座谈会上,习近平总书记进一步明确:"要把立德树人的成效作为检验学校一切工作的根本标准……做到明大德、守公德、严私德。"③近年来,习近平总书记在多个场合对"立德树人"根本任务的重视足以反映当下我国思想政治教育工作的重要性,这也构成"大思政课"体系建设的第一个目标指向。

### 一、"立德树人"根本任务的含义

一般认为,"立德树人"指的是通过教育和后天的培养,使学生在品

---

① 《坚定不移沿着中国特色社会主义道路前进　为全面建成小康社会而奋斗——在中国共产党第十八次全国代表大会上的报告》,人民出版社2012年版,第35页。
② 《习近平在全国高校思想政治工作会议上强调　把思想政治工作贯穿教育教学全过程　开创我国高等教育事业发展新局面》,《人民日报》2016年12月9日。
③ 习近平:《在北京大学师生座谈会上的讲话》,《光明日报》2018年5月3日。

德、智识、思维、文化等方面得到全面的发展,成为拥有专业素养和高尚品格的人才。这个理念源于古代中国传统文化中的"教育立人"思想,强调人的品德修养和道德素质的后天培养,目的是为了孵化具有民族情感和社会责任感的人才,为国家和社会的发展作出贡献。在中国特色社会主义建设的新时代,"立德树人"就是"努力培养担当民族复兴大任的时代新人","培养德智体美劳全面发展的社会主义建设者和接班人"①。

(一)"立德树人"的关键在立德,先立德而后树人

"立德"可以理解为培养学生正确的世界观、人生观和价值观。苏霍姆林斯基曾指出:"培养全面发展的、和谐的个性的过程就在于:教育者在关心人的每一个方面、特征的完善的同时任何时候也不要忽略人的所有各个方面和特征的和谐,都是由某种主导的、首要的东西所决定的。……在这个和谐里起决定作用的、主导的成分是道德。"②通过立德,学生可以自觉感知和养成正确的生活方式和行为规范,并形成自己的人生目标和追求方向。新时代,我们面临的社会问题日益复杂,情感的冷漠、缺乏反思以及道德和人文素养的缺失已成为制约社会发展的主要因素之一。因此,"立德"就显得尤为重要,它是教育的根本,是人类文明的精髓,通过德性的培养,引导青年一代树立正确的世界观、人生观、价值观,使他们不仅重视知识的学习、更重视做人的原则与品格。

(二)在"立德"之后,才是"树人"的过程

这一步骤主要是指在学生已经具备了一定的道德素养之后所进行的更深入的知识和技能的传授。在"树人"过程中,教育者要把知识和技能作为帮助学生实现人生目标的工具,而不是学生人生的终极目标。"树人"过程应该注重引导学生自主学习、批判思考和自我发展,促进学生个性的发展和终身学习习惯的养成,让他们在学习活动中不断培养专业能力、创新能力、批判思维能力、团队协作能力和领导能力等多方面的能力,同时,也需要让

---

① 习近平:《思政课是落实立德树人根本任务的关键课程》,《求是》2020年第17期。
② 魏智渊:《苏霍姆林斯基教育学(下)》,漓江出版社2014年版,第328~329页。

学生具有自我认知、自我管理、自我表达和自我实现的能力,从而成为独立、自信、有价值的个体。

总体而言,"立德树人"作为根本任务,其实也是一种教育实施的手段。"立德"与"树人"相互依存。通过立德,引导学生形成健康的人格和道德素养,然后在树人过程中通过学习和实践进一步增长学生的知识和技能,为培养可堪大任的青年一代做足准备。

## 二、以更为宏伟的布局推动"立德树人"根本任务的达成

区别于传统思想政治理论课的课堂教育,"大思政课"充分运用课堂及其外的教育场域,为学生的德行培养和能力提升提供了有益空间。

(一)"大思政课"建设将促进课程思政和思政课程的深度融合

在传统教学中,思政课程和学科课程往往是分开教学的,而"大思政课"建设则将思政教育融入各学科教学中,使课程思政和思政课程在教学中不再是孤立的"两张皮"。通过将思政元素融入各类学科教学中,可以帮助学生更好地理解学科知识的内涵,培养出具有高度责任感和使命感的复合型人才。

(二)"大思政课"建设将推动教育教学的创新

在新时代,传统的课程教学已经不能满足社会的需求,而要实现教育教学的创新,就需要将思政元素融入课程教学中,即把思政之"盐"融入课程之"水"中,通过多元化的教学手段,激发学生的学习兴趣和创新能力,提升教学效果,培养出具有创新精神和实践能力的优秀人才。

(三)"大思政课"建设将进一步激活思想政治教育活力

推动思想政治教育的深入实施。通过将思政教育延伸拓展至学校以外如博物馆、纪念馆、图书馆等校外"第二课堂"教育空间,可以让学生身临其境地了解国家的历史、文化、政治和社会经济发展状况,增强他们的国家意识和社会责任感。

综上所述,"'大思政课'是面向全党全社会提出的一项明确要求。只有围绕落实立德树人根本任务,把宏大的时代、鲜活的实践、生动的现实所蕴含的丰富育人元素挖掘出来、整合起来、运用开来,才能打造出高质量的'大

思政课'"①。我们应该充分认识到"大思政课"建设在达成立德树人根本任务中所起的积极作用,积极探索并尝试将立德树人的根本任务融入专业课程、团学活动、校园活动等以往思想政治教育容易忽视的重要空间。同时,教师们也应该不断提升自己的政治素养和教育教学能力,谨记教书育人使命,为立德树人根本任务的达成贡献力量。

## 第二节　新时代全面推动党的创新理论铸魂育人的必要举措

中国共产党成立百年来的理论与实践成果是铸魂育人的生动素材,是指导中国特色社会主义事业发展的重要基础和精神支柱,把党的创新理论讲好、讲活、讲实,是"大思政课"建设的第二个目标指向。

### 一、推动构筑研究阐释和教育教学的自主知识体系

在实现中华民族伟大复兴和人类文明形态变革的历史进程中,构建中国自主哲学知识体系的根本使命,就是为建设中华民族现代文明而凝练其"活的灵魂"②。"大思政课"作为全链条的教育宣传体系,不同学段、专业的教育工作者在宣传阐释党的创新理论的过程中也在不断构筑"大思政课"阐释研究和教育教学的学科体系、学术体系和话语体系。

（一）可以进一步优化和吸收现有教育资源,不断更新充实党的创新理论融入不同学科的整体设计

借助于"大思政课"宏观规划的推进,可以进一步优化和吸收现有教育资源,不断更新充实党的创新理论融入不同学科的整体设计。比如,生态价值观在环境工程科学、化学、生物学等专业中的融入,"科学家精神"在理工

---

① 沈壮海:《"大思政课"我们要善用之:思考与探索》,《思想政治教育研究》2021年第3期。

② 孙正聿:《建设中华民族现代文明的"活的灵魂"——中国自主哲学知识体系的使命和担当》,《哲学研究》2023年第7期。

科、医学、农学等专业中的融入,等等,以形成以党的创新理论为引领的课程思政学科体系。在教育教学实践中,各学段学生借助全学科的课程思政体系,可以通过接触和学习新时代以来涵盖政治、经济、文化、外交、安全、生态等各个领域、不同学科的理论知识,形成一个全面的、有深度的知识体系,从理论的高度和学理的深度理解和分析中国当前所处的历史方位,自觉吸收党的创新理论及其优秀成果。

(二)可以进一步激发科研工作者在教学科研领域的研究热情

党的创新理论在学科体系的融入过程将为教育教学提供新的问题点,进一步激发科研工作者在教学科研领域的研究热情。高校工作者是建构中国自主知识体系的生力军。近年来,在"大思政课"的宏观建设推动下,越来越多的理工科团队也加入了党的创新理论的研究阐释之中,为教育教学效果的提升提供了重要支持。此外,学术体系的充实与更新也将为师资培训、师资教育、师资评价等系列的机制体制改革提供契机,从而进一步优化完善当下学术体系中重理论研究、轻教学研究的失衡状态。

(三)可以进一步增进党的创新理论的话语体系构建

"大思政课"建设向社会场域的拓展也将进一步增进党的创新理论的话语体系构建,这包括对标识性概念的提炼、对场馆的开发、对资源的创新利用,等等,以不断形成符合时代特征和社会发展需要的、积极向上的自主话语体系。正如习近平总书记在中国人民大学考察时指出:"要以中国为观照、以时代为观照,立足中国实际,解决中国问题,不断推动中华优秀传统文化创造性转化、创新性发展,不断推进知识创新、理论创新、方法创新,使中国特色哲学社会科学真正屹立于世界学术之林。"[1]

以"大思政课"建设为契机,党的创新理论及其自主知识体系的构建拥有了更加厚实和系统的宣传教育平台。"大思政课"建设不仅可以作为党的创新理论研究阐释的重要阵地,更为党的创新理论的实践探索提供了重要平台,是"党的创新理论"+"教育教学"的一次更为深入的结合。

---

[1] 《坚持党的领导传承红色基因扎根中国大地 走出一条建设中国特色世界一流大学新路》,《人民日报》2022年4月26日。

## 二、加强巩固马克思主义在意识形态领域的指导地位

党的创新理论的教育传播必然会涉及意识形态问题,而意识形态的领导权问题,是事关国家长治久安、民族凝聚力和向心力的重要问题。面对世界范围内日益严峻的意识形态争夺战,巩固和加强马克思主义在意识形态领域的指导地位是必然之举。

### (一)"大思政课"在强化"第一课堂"的意识形态教育上具有优势

传统思想政治理论课很难避免由"硬灌输"所引起的学生情绪上的反感。以马克思主义的世界观和方法论、中国化时代化的马克思主义思想政治教育理论以及中华优秀传统文化中的伦理智慧为学理基础,"大思政课"可充分发挥课程思政与思政课程的互补优势,将思政理论转化为学理的思辨,让学生主动思考,并在思考中认同和接受马克思主义。比如:从当前国内各个地区"大思政课"建设的课程体系构成来看,就分为必修课、选修课和通识课几大类,囊括了政治理论、哲学、历史、法律、经济、社会学、心理学等多个学科领域,覆盖了各个年级和专业的学生,这也使得思政课程能够更加贴近学生的实际生活和学习需求,为加强马克思主义在意识形态领域的指导地位提供了重要支持。

### (二)"大思政课"在强化互联网阵地的意识形态教育上具有优势

当前,我国社会面所出现的包括信仰和认同危机、意识形态分化、主流意识形态淡化等意识形态领域的主要问题多集中爆发在互联网场域,而互联网场域又是青少年沟通交流的主要渠道。据此,"大思政课"建设实施方案着重提出了对"大平台"的相关建设要求,强调要通过搭建"网络+"思政课程平台,盘活当下思想政治教育线上资源,优化、整合、筛选优质内容,提高思政课程的覆盖面和传播力,以青少年喜闻乐见的方式进行党的创新理论的宣传与教育。

### (三)"大思政课"在强化师资队伍的意识形态教育上具有优势

这不仅包括广泛吸纳不同学科、领域的师资力量,以丰富思政课的教育内容和教学形式,还包括通过各种主题教育、培训、研讨和交流活动来优化完善教师队伍建设,确保马克思主义在教育者群体中的意识形态指导地位,

即思政课教师本身也应"学马""懂马""信马"和"用马"。

借助"大思政课"建设在教育教学改革、线上宣传教育以及师资队伍建设等方面的多种优势，马克思主义意识形态的指导地位得以进一步巩固。尤其是在Z世代充盈的当下，"大思政课"凭借其在课程建设、平台建设和师资建设上的系统优势，为深入推进马克思主义的意识形态教育、提高学生对中国特色社会主义的认识和理解提供了帮助，也为培育全面发展、具有创新精神和社会责任感的新时代人才提供了重要的支持。

## 三、努力坚守为党育人、为国育才的使命担当

推动党的创新理论铸魂育人的关键在于"育人"，为党育人、为国育才是思想政治教育不容推卸的时代任务。这既包括在建设过程中要始终坚持党的领导，与时俱进把握时代命脉，也包括有针对性地加强对不同领域、专业人才的价值引领，在因材施教中进一步培育时代需要的社会主义建设者和接班人。

### （一）"大思政课"建设使得思想政治教育更具有针对性和实效性

在中国共产党的领导下，"大思政课"建设得以在充分发挥党的政治优势和制度优势的基础上，推动思想政治教育更加紧密地与党的路线方针政策相结合，使得思想政治教育更具有针对性和实效性。这体现在：一方面，"大思政课"建设以党的创新理论为源源不断的教育教学资源，积极探索多元化的教学模式，将课内、课外，线上、线下教学有机结合，推广优秀的教学案例和教育资源，为学生提供更加优质的学习体验。另一方面，党的领导也为"大思政课"构建丰富多样的育人环境提供保障，通过课堂教学、社团组织、社会实践等多种方式，学生得以将课堂学习到的理论知识应用于实践行动之中，将个人的发展与国家、民族的发展联系起来，实现德育、智育、体育、美育和劳育全面发展。其中，无论是社会资源的调动，还是育人场景的营造，都离不开党的领导，都必须要依靠党来把向掌舵。

### （二）"大思政课"建设中，必须坚持党的领导，牢记教育使命

新时代面临新变革，在信息技术愈发先进的当下，特别是元宇宙、AIGC等新兴平台及其迭代技术的发展，"大思政课"建设还将面临如开放空间下

的政治认知混乱、自由场景下的政治秩序试探、符码式参与的政治行为失范等伦理和道德风险。面对这些风险考验,把牢底线思维是关键。因而,在"大思政课"建设中,必须要坚持党的领导,牢记教育使命,坚守好为党育人、为国育才的使命担当。

## 第三节　新时代深化大中小学思政课一体化改革的关键环节

"大思政课"建设不仅致力于贯彻落实"立德树人"的根本任务,全面推动党的创新理论铸魂育人积极作用,更为解决思想政治教育的痛点问题暨加强不同学段间思想政治教育的衔接性提供了平台支持。

### 一、有利于打造大中小学思政课课程教学共同体

"大思政课"建设打破了不同学段思想政治教育各司其职、各行其是的独立格局,为推动不同学段思想政治教育的体系化建设搭建了平台。

(一)"大思政课"建设为学校思想政治课程的标准化建设提供了有力的支持

在学校思想政治理论课教师座谈会上,习近平总书记指出"要把统筹推进大中小学思政课一体化建设作为一项重要工程,推动思政课建设内涵式发展"[1]。"大中小学思政课一体化"在建设过程中一直面临着学段间课程内容重复、衔接性不强的问题,大学学段尤其是"重灾区"。因此,无论整体规划思政课课程目标,还是调整创新思政课课程体系,抑或是加强思政课教材体系建设,都要落实到统筹推进思政课课程内容建设上来[2]。"大思政课"建设的优势就在于打通了学段间的沟通渠道,为以小学、初中、高中、大学的全学段视野整体规划思政课体系提供了可能。特别是基于"大中小学

---

[1] 习近平:《论党的青年工作》,中央文献出版社2022年版,第197页。
[2] 王立仁、白和明:《关于大中小学思想政治理论课课程内容一体化建设的构想》,《思想理论教育》2019年第11期。

思政课一体化"的机制体制设计,还将为不同学段思想政治教育的标准化运行提供支持,进一步增进不同学段间思政课教师的交流与合作,以一体化思维推进思想政治教育的全链条发展。

（二）"大思政课"建设为学校思想政治教育质量的全面提升提供了有力的支撑

"大思政课"建设将刺激、引导学校引入多元化的教学资源和教学手段,探索创新的教学方法,提高思政课程的教学质量。例如,在课程教学中采用案例教学、讨论式教学、互动式教学等方式,既激发了学生的学习兴趣,也提升了教学效果。在社会大资源的充分调动下,学校将与政府、企业、社会团体等建立深度合作,建立具有学段特征的课程教学体系、实践教学体系、调研参观体系等,拓宽他们的思维视野,提高他们的社会责任感和创新能力,推进德育与智育、体育与艺育、实践与创新等多个方面的融合发展。同时,"大思政课"建设还将充分借鉴和吸收国外政治社会化的重要理论成果,通过与国外著名高校的合作和交流,充分学习国际先进经验,提高学校的国际化水平,培养具有国际视野和国际胸怀的高素质人才。

（三）"大思政课"建设有助于实现大中小学思政课程共性与差异性的协调发展

思政课是一门具有特殊性的课程,需要针对不同年龄层次、不同知识水平的学生进行分类教学。"大思政课"建设,不仅明确了不同学段思政课程的基本要求和核心素养,也通过建立不同学段在教学内容、教学方法、教学评价等方面的标准体系,促进大中小学思政课程的衔接性建设,以增进不同学段间思政课教学的共性与个性发展。通过"大中小学思政课一体化"的共同体建设,所在"共同体"的大学、中学、小学更有利于形成交流互鉴的良好机制,以"点"带"线"带"面",不断推动"大思政课"建设的全面铺开。

## 二、有利于构建大中小学思政课课程资源共同体

"大思政课"建设为大中小学思政课资源的共享搭建了渠道。通过构建大中小学思政课资源分享的共同体,有助于进一步推动不同学段教材资源的整合和利用,特别是在教材内容的设计和更新上,将跳出原有的学段局

限，以一体化建设的目标进一步优化和完善现有教材资源的整体规划。

（一）"大思政课"建设为教材的优化完善提供平台

教材是落实立德树人的重要载体。当下，大中小学段思政课教材存在说教性强、趣味性弱、重复性高等特征，必须要在结合时代特征的基础上更新优化和开发新的教材，让学生及时学习到新时代以来党和国家的最新理论成果。在大中小学一体化课程建设的基础上，思政课教材的建设也必须要秉持目标的统一性、内容的连贯性和价值教育的递进性。借助"大思政课"建设契机，大中小学不同学段思政课负责人可建立日常化合作机制，定期就教材内容进行再讨论，删除重复或冗余的教学内容，把党和国家的最新理论成果融入教材设计中，并依据不同学段特征设计符合智识发展规律的教学内容，以增强教材的学段性特征，更加贴合不同学段的思政教学目标。

（二）"大思政课"建设为教学资源的共建共享提供平台

"大思政课"建设有助于优化思政课教学资源的配置和管理，提升思政课教学效果。特别是在地方资源的建设上，上海拥有丰富的红色文化资源、海派文化资源和江南文化资源，对地方性思政元素的挖掘也将成为各地建设"大思政课"的特色与抓手所在。通过"大思政课"建设，各个领域、各个层次的资源得以灵活流动，这将为地方性思政课程的开发提供重要的支撑。例如，上海"大思政课"综合试验区就建立了思政课程资源库，收录了大量优质的本地文化教学资源，并鼓励同区域内的优质高校资源流入小学和中学。同时，上海"大思政课"综合试验区还通过举办各类教学研讨会、教学展示等方式，推动各级学校思政课程的教学经验和资源的共享与交流。

（三）"大思政课"建设为教学资源的建设管理提供平台

在"大思政课"建设的整体推进下，教学资源的建设与管理将走向信息化和平台化，不同学段的教学资源将获得整合。教育主体可借助集成式的平台资源开展探究性学习、生活实践等多种教学活动，同时也将结合受教育对象的年龄层次、地域特点，精心设计不同类型的思政课程，以满足学生多样化的学习需求和兴趣爱好，从而激发学生的学习热情和思考能力。此外，学校也可以通过集成式的资源平台动态观察思想政治教育资源的建设管理情况,引导教师开发优质教学资源,及时替换和更新重复的教学资源。

通过大中小学资源共同体的开发与建设,在跨学科、跨学段的教师团队中,不同学科、学段的教师可以在资源的共享共建中相互借鉴,互相启发,及时了解不同学段的教育重点,从而开展跨学科、跨学段融合教学等活动。比如,邀请高校教授进小学、中学开展讲座,聘请劳动模范作为特聘思政课教师等,以创造出更具创新性和实用性的教育教学模式。同时,教师团队中的优秀教师也可以为其他教师的教育教学提供指导和帮助,促进教师之间的协作和共同进步。

### 三、有利于培育大中小学思政课教师队伍共同体

教师队伍的一体化建设是"大思政课"建设助力"大中小学思政课一体化"建设的第三个重要方面。教师是人类灵魂的工程师,思想政治教育的效果关键还是要看思政教师队伍的整体能力与水平。

(一)"大思政课"建设有利于加深不同学段教师队伍的沟通与联络

每个学段的思政课教师都有自己的"责任田",都该守好自己的"一段渠",但责任的分段不能成为相互沟通交流渠道堵塞的缘由①。通过建立跨学科、跨领域、跨学段的教师团队,鼓励不同学科、领域、学段的优秀教师组建共建互助小组,形成"大师傅带徒弟"的良好传统,并在共同的教学实践、研讨和培训过程中建立更加紧密的联系,形成共同的教育理念和共识,相互切磋教学技能,相互交流教学经验,进一步凝聚思政课教师队伍的力量,为学生的思想政治教育服务。

(二)"大思政课"建设有利于提高思政课教师队伍的整体教学水平

随着教育的不断发展,思政课的教育目标和教学方法也在不断更新和改进。通过参与"大思政课"体系建设的教学实践、研讨和培训等活动,思政课教师们能够了解最新的教学理念、教学内容和教学方法,不断更新自己的教学方案,提高自己的教学水平。在教学实践过程中,不同学校的思政课教

---

① 徐蓉、周璇:《共同体视域下大中小学思政课建设的统筹推进》,《高校马克思主义理论教育研究》2020年第1期。

师之间可以分享经验、交流教学心得,共同探讨教学问题,形成合作共赢的局面。这种合作关系的形成,有利于深化教师们在学科交叉、融合教学、课程创新等方面的实践探索,增强教师团队的创新意识和创新能力,促进教育教学的发展。

(三)"大思政课"建设有利于优化思政课教师队伍结构

通过建立"兼职思政课教师"机制,学校可以持续吸收社会面具有代表性的优秀人才进校授课,如劳动模范、抗疫英雄、科学家、企业家等,邀请他们进校分享人生经历,用小故事讲好大道理。这样的教师引进机制不仅有利于优秀思政资源的汇聚和传承,还有助于形成更加包容多元、开放创新的教育生态,让学生接触到更加丰富多彩的知识体系,开阔眼界的同时进一步坚定理想信念。

上好思想政治理论课的关键在教师,必须要借助"大思政课"建设这一大工程塑造好教师队伍的共同愿景,做好不同学段的教师教育教学衔接工作,形成接力态势,引导学生系好求学生涯中的每一粒扣子。

## 四、有利于搭建大中小学思政课网络平台共同体

互联网是当下青少年沟通交流的主要渠道,也将成为大中小学思政课宣传教育的主要阵地。

(一)"大平台"建设是"大思政课"建设的重要举措之一

我国思想政治教育的网络平台建设一直在持续进行中,但由于多地多头并进的建设思路,导致我国思想政治教育的平台建设出现了学段化的分裂和资源体系的断裂。"大平台"建设是"大思政课"建设的重要举措之一,通过"大平台"建设,当前多平台的冗杂局面也将得到进一步改善。

(二)以"国家智慧教育公共服务平台"为载体的"大平台"建设

当前,以"国家智慧教育公共服务平台"为主要载体,各级大中小学思政课网络平台得到了分类化、体系化整合。如在"国家智慧教育公共服务平台"的官网主页中,学生不仅可以浏览选择平台推荐的优质课程,还可以点击进入地方平台来获取地方教育的优秀资源,打破了以往不同学校不同学段不同平台的限制,为网络平台的一体化建设提供了重要支持。此外,通过

以"国家智慧教育公共服务平台"为载体的"大平台"建设,思想政治教育的宣传平台也得以搭建,一系列教学研讨信息、主题课堂、公开赛事也将借助平台进行传播,这也为后续优质公开课的上传、重要节日的网络互动、各类思政类赛事的开展以及重要成果的展示奠定了基础。

## 五、有利于大中小学思政课机制体制一体化建设

机制体制建设是"大课堂""大资源""大平台"等"大思政课"建设布局得以构建和实施的重要保障,也是贯通"大中小学思政课一体化"建设的助推器。

### (一)"大思政课"建设将进一步促进不同学段交流合作体制机制的形成

当前大中小学的思政课教师主要依靠研讨会、备课会等形式进行学段间信息共享,虽然研讨会、备课会形式能够比较集中地对某一议题进行探讨,但事实上却难以解决实际教学工作中的重点和难点问题。例如就"新民主主义革命"的教学内容来看,大学和高中就明确存在内容上的重复,但在大学的课程授课中,大多数学生却回答不出"新民主主义革命为什么是一场资产阶级性质的革命"这一基本问题,这表明高中学段在教学重点和难点的选择上并没有与大学阶段的教育内容做好衔接,或者没有把问题讲透、讲通。因此,相较于主题宏大的研讨会、备课会等形式,小而精的日常化沟通机制应当被建立和落实,譬如日常化的教学沟通群、周期性的教学观摩活动以及常态化的主题备课会等,以进一步理顺不同学段的教学重点与难点,防止知识点的断档和重复。

### (二)"大思政课"建设将进一步实现思政课教师聘用的体制机制创新

学校思想政治工作是一个综合性工作,涉及多个领域的知识和技能。然而由于专业限制,当前思政课教师主要是马克思主义理论、政治学、哲学等专业的研究者,一旦在授课中遇到了自己的知识盲区,课程的讲授就容易变成"照本宣科",难有理论深度。近年来,在"大思政课"建设的整体推进下,部分高校已经开始尝试建立"兼职思政课教师"的聘用机制,引进各行业具有代表性的杰出人才进校担任兼职思政课教师。但是,"兼职思政课教

师"毕竟未受过专业训练,尽管可以以公开课、讲座等形式充实思想政治教育的教学素材,但不能彻底解决学校思想政治教育工作专业化发展的问题,特别是一系列推进学校思想政治教育工作人员如专业教师、高校辅导员、学工队伍的专业化能力提升的体制机制安排仍有待确立,这都将成为"大思政课"建设体制机制创新的重要契机。

(三)"大思政课"建设将进一步赋能思想政治教育宣传的体制机制改革

目前,学校思想政治教育的宣传工作中依旧存在"硬灌输""说教重"等问题,究其原因是在内容设计上没有考虑到青年学生的成长成才特征。"大思政课"全链条、全要素的建设布局能引导学校加快研究推出具有地方和学校特色的自媒体宣传平台,培育孵化思政"红人",在学校范围内营造思政教育良好风尚,为全方位构建学校思政育人体系和育人氛围提供保障。

## 第四节 促进党的二十大精神融入思想政治教育的有力支撑

"大思政课"建设能够较为及时迅速地对党和国家的最新理论成果进行消化吸收,通过集体备课的方式,指导教师队伍将党的二十大精神、两会精神等融入思政课的课程教学之中,同时通过课程思政建设,引导专业教师在课程之中融入思政元素,将党和国家的最新理论成果融入专业课的建设之中。以"大思政课"建设为抓手,党的二十大精神能够全覆盖思想政治教育领域,并在不同的课程、讲座、文化活动中有针对性地体现。

### 一、以主课堂为抓手,推动党的二十大精神融入思政课程

(一)利用思想政治教育的课程体系,将党的二十大精神融入不同类型的思政课程中

在课程建设上,利用学校思想政治教育的课程体系,党的二十大精神能够有计划地通过党史教育、原理教育、时事教育、政策教育的形式融入不同类型的思政课程之中。例如,在"中国近现代史纲要"课中,可以着重对中国

共产党在新民主主义革命、社会主义革命与建设、改革开放与社会主义现代化建设新时期的历史阶段进行有重点的梳理,引导学生体悟革命成果的来之不易。再如,在"习近平新时代中国特色社会主义思想概论"课中,可以着重对新时代以来的理论与实践成果进行梳理,引导学生感悟新时代以来的伟大成就,坚定理想信念,提高思想政治素质。同时,除常规的思想政治理论课以外,学校还可紧紧围绕党的二十大精神开设专题通识类课程以强化教育教学效果,如"美丽中国"专题课程、"两个结合"专题课程、"国家安全"专题课程等,为专题阐释党的二十大精神提供支持。

(二)利用"大思政课"的"大师资"格局,丰富思政课的教学形式

在教学过程中,利用"大思政课"的"大师资"格局,丰富思政课的教学形式。例如,学生可通过线上学习、参观场馆、采访典型人物等方式,深入了解党的二十大精神,了解党的方针政策和时事热点,激发学生的思考和学习热情,增强他们的国家认同感和使命感。再如,思政课教师可邀请革命老兵、英雄人物等参与课堂,将党的二十大精神转化成一个个生动感人的故事,用前辈的动人经历鼓励学生接续时代使命,自觉担起中华民族伟大复兴的重任。

除了主课堂外,基于"大思政课"建设,学校还可以利用"第二课堂"积极传播党的二十大精神。比如,在红色场馆、图书馆、博物馆等实践基地开展"大讲堂""小课堂""实践课堂"等多种教学活动,将思政课程与社会实践相结合,引导学生在参观考察和实践活动中增进对党的二十大精神的学习体悟。

## 二、以专业课为辅助,推动党的二十大精神融入课程思政

相较于普适性的思想政治教育课程,专业课是培养职业道德与职业素养的主要场域,也是立德树人的重要阵地之一。在专业课中融入党的二十大精神,有助于加深学生对世情国情的认识,提高学生的道德素质和责任意识,指引学生将理论所学、专业所得投入到社会主义事业的建设之中。

(一)"大思政课"建设重视专业课与思政课的有机结合

课程思政是贯彻落实党的二十大精神,推进党的二十大精神入脑、入

心、入行的有力渠道。从学生全面发展的角度来看,学校专业课程与思政课程应是相互支撑、相互促进的关系,课程思政与思政课程共同构成"大思政课"的建设内容。通过将党的二十大精神融入专业课程,不仅可以帮助学生掌握即将从事行业的基本动态,还有助于引导学生对生涯规划有更深入的理解,从国家使命的更为宏阔的视野领悟专业责任,提高专业素养。

(二)"大思政课"建设注重"第一课堂"与"第二课堂"的有机结合

习近平总书记在多个场合强调,要坚持学思用贯通、知信行统一的理论学习方法。知识学习必须落于实践才为真知,知识也必须要经受过实践的考验才为依据。"大思政课"建设对"第一课堂"和"第二课堂"联动作用的重视为党的二十大精神的实践转化提供了契机,通过主题调研、讲座、社会实践、志愿服务等多种方式,学生可以将理论学习与实践考察相结合,在调查研究中进一步感受时代伟力,寻找人生理想。2022年8月,教育部办公厅等八部门还公布了"大思政课"实践教学基地名单,包括科学精神、工业文化、美丽中国、抗击疫情、脱贫攻坚、中华优秀传统文化、革命文化等多个分类,这些基地也为党的二十大精神的思想政治教育融入提供了平台。

(三)"大思政课"建设注重科学研究与教育教学的有机结合

扎实的科学研究是教育教学的支撑,教育教学经验又为科学研究提供了参照。《全面推进"大思政课"建设的工作方案》中指出,将重点支持开展"大思政课"建设规律、思政课教学难点及对策、大中小学思政课一体化、课程思政等研究,这些研究为党的二十大精神的全面融入奠定了理论基础,为党的二十大精神融入专业课程提供了方法论的指导。此外,为全面推进课程思政高质量建设,教育部还计划组建高等学校课程思政教学指导会,研制普通本科专业类课程思政教学指南,这些举措也为党的二十大精神的全方位融入提供了机制支撑。

## 三、以实践课为延伸,推动党的二十大精神融入青年行动

实践教育是"大思政课"与现实相结合的有力载体,"大思政课"通过建设与课程体系相互承托的实践教学体系,推进思政教育与专业教育的融合发展,为青年人的成长和发展提供全方位的支持和服务,促进党的二十大精

神深入融入青年行动。

(一) 实践课是将思政教育与专业教育相结合的重要方式之一

作为"大思政课"建设的重要渠道之一,实践课是将思政教育与专业教育相结合的重要方式之一。实践课程相较专业课程灵活度较高,可依据主题设置适切的实践活动,如围绕党的二十大精神,可设置包括公益实践、社会实践、创新实践等在内的社会实践活动,为学生提供多元化的实践机会和平台。这些实践课程的实施,能够帮助学生深入社会,通过实践考察感悟党的二十大精神所蕴含的深远意义。此外,在实践过程中,学生们不仅仅是简单地完成某项任务,而是需要通过考察和反思,探索如何将所学到的知识和技能运用到实践中去。这种"学以致用"的方法不仅能够提高学生们的实践能力,还能够提高学生们的思政素养,使得党的二十大精神真正融入学生们的日常学习与生活中。

(二) 在实践课的具体实施中,实践教育基地承担了重要的作用

除上述提及的"大思政课"实践教学名单外,实践教育基地一般分为国家、地方和学校挂牌三类。这些实践教育基地为学生的实践开展提供了重要的场所,如"红色文化场馆",可以帮助学生更为直观地学习到红色革命的来之不易;如以博物馆、科技园、产业园为依托的实践教育基地,可以为学生全方面展示改革开放以来的代表性成就和经验,加深学生对改革开放以来中国社会前进和发展的认识,引导学生自觉担起民族复兴的大任。

以"大思政课"的实践课建设为延伸,不仅能够通过多种手段提升学生的思想政治教育效果,加强对学生群体的培养和引导,还有助于丰富课堂形式,推动课堂教学方法的创新,为提高青年学生的思想政治素质、推动学校思想政治教育事业的发展提供有力支撑。在未来的"大思政课"建设中,加强党的二十大精神与实践教育的结合将成为重点任务,应不断探索适合当前时代特点的思想政治教育方法和途径,以培养更多有信仰、有情怀、有担当、有能力的新时代青年。

综上所述,通过对"大思政课"体系建设目标指向的梳理,"大思政课"体系建设的基本框架得以进一步清晰。尽管"大思政课"建设体系庞大,但归其根本是由横向的"课程思政+思政课程"与纵向的"大中小学思政课一体

化"两大逻辑构成。其中,"大课堂""大平台""大师资"的建设均要以这两大逻辑为主线。基于此,后续研究将就上海市为田野调查对象,以"大中小学思政课一体化"为纵向坐标,以"课程思政+思政课程"为横向坐标,构建上海"大思政课"建设的整全体系。

# 第四章
# 上海"大思政课"体系建设的阶段成果

2014年,上海成为全国唯一获批开展思政课改革试点的城市,也是首批"三全育人"综合改革试点区。经历了近十年的艰辛探索,上海逐步建立起了"三圈三全十育人"的思政大格局,并着力打通第一、第二、第三课堂"育人内循环",校内外"育人中循环"和网上网下"育人大循环",为"大思政课"的体系建设积累了具有示范意义的理论与实践成果。本章根据2022年教育部等十部门印发的《全面推进"大思政课"建设的工作方案》,梳理上海"大思政课"体系建设现状。

## 第一节 创新主渠道教学,守好课程育人阵地

近年来,上海在学校思政课主课堂的建设上积累了丰厚的经验,特别是在自主知识体系建构、思政课课程群、思政课课程资源、思政课教学方法以及教学评价体系方面取得了较大进展。

(一)形成了众多代表性成果

在建构党的创新理论研究阐释和教育教学的自主知识体系方面,形成了众多代表性成果,这些代表性成果,既包括对上海"大思政课"建设的基础理论研究,也包括如区域性的"大思政课"实践研究。为把党的最新理论成果融入现有思想政治理论课教学体系,上海各高校已全面开设"习近平新时代中国特色社会主义思想概论"课。2019年,在教育部的指导下,上海市内

15所高校示范马克思主义学院在全国率先开设"习近平新时代中国特色社会主义思想概论"课；2020年，上海市内又有12所高校开设"习近平新时代中国特色社会主义思想概论"课，复旦大学更是建成了全国首门"习近平新时代中国特色社会主义思想概论"课国家一流本科课程，形成全市公办本科高校全覆盖开课的良好局面。

（二）形成了以"习近平新时代中国特色社会主义思想"为核心内容的思政课课程群体系

在建强思政课课程群体系方面，初步形成了以"习近平新时代中国特色社会主义思想"为核心内容的思政课课程群体系。以推进习近平新时代中国特色社会主义思想"三进"为目标，上海打造形成以思政必修课为主体、90余门"中国系列"思政选修课为骨干、1 000余门综合素养课为支撑、3 000余门专业课为辐射的课程思政育人"同心圆"。在课程思政方面，2020年，中共上海市教育卫生工作委员会、上海市教育委员会印发《关于深入推进上海高校课程思政建设的实施意见》，对公共基础课、专业教育课程、实践类课程的课程思政重点进行细致划分，从价值引领、知识传授和能力培养三个维度研制出了57个专业的课程思政教学指南，形成了扎实有力的思政课课程群体系。2022年，上海共形成上海课程思政教学研究示范中心26个、示范课程507门、教学名师117名、课程示范团队325个。

（三）推动党的创新理论和奋斗历史融入各学段各门思政课

在拓展课堂教学内容方面，充分利用上海作为中国共产党诞生地的区位优势，有意识地将地方红色文化、校史资源，将伟大建党精神和抗疫精神、科学家精神、载人航天精神等伟大精神引入课堂，推动党的创新理论和奋斗历史融入各学段各门思政课。特别是在红色文化资源的运用上，2020年，上海市委和市教卫工作党委印发《关于开展党史、新中国史、改革开放史、社会主义发展史学习教育的实施方案》，推动"四史"教育融入思政课。各高校也积极响应要求，结合世情、国情、校情开设了如上海大学"开天辟地"等在内的系列品牌课程，重点讲授上海与中共百年奋斗历程。与此同时，上海市教委还支持高校积极从革命遗址、档案资料、校史校训等资源中发掘思政元素，开发具有学校特色的课程教学配套资源和优秀教学案例，将党史、校史教育内容有机融入培养方案、教学大纲,为思政课教师、专业教师将党史教育融入思政课程和专业课程提供规范指导。

(四) 形成了"学校小课堂"与"社会大课堂"相结合的典型案例

在创新课堂教学方法方面,坚持采用多样化的教学方法开展教育实践活动,形成了"学校小课堂"与"社会大课堂"相结合的典型案例。如虹口区的"彩虹计划",以"4+1"学生成长彩虹课程框架为基础,在周一至周四上国家基础型课程,在周五上学校拓展型课程,通过体艺、安全教育、德育实践等课程形式,促进学生核心素养的提升。再如奉贤区开展的"贤文化·新成长"计划,鼓励学生通过网络"云游"青少年校外教育基地,并以云展示的方式体悟城市之美和文化之美。在高校层面,上海大学首创"项链模式",将基于问题逻辑的"问题解析式"思政课教学模式与"项链模式"有效对接起来,为高校学生带来了别开生面的思想盛宴。另外,部分高校正在进行"思想政治教育+人工智能"的教学模式研究,系列虚拟仿真实验室正逐步建立。

(五) 坚持把立德树人成效作为根本标准

在优化教学评价体系方面,坚持把立德树人成效作为根本标准。上海各高校正逐步建立起校领导、教学督导、马克思主义学院班子成员、思政课教师和学生参加的多维度综合教学评价工作体系,并将最终考评结果作为马克思主义学院和班子成员考核的重要指标,作为思政课教师绩效考核、职称晋升、评奖评优等的基本依据。在课程思政的教学评价方面,上海市级层面制定出台了《关于推进上海高校课程思政教育教学改革的实施意见》,强化制度规范和政策支撑,将课程思政纳入高校党委落实意识形态主体责任的重要内容,纳入学校办学质量和学科建设评估体系、高校分类评价体系,为全方位提升"大思政课"建设效果提供了体制机制支持。

## 第二节 善用社会大课堂,构建实践育人体系

在"大思政课"建设的全面推进下,上海学校思政课实践教学规范基本

建立,不同学段的实践育人体系日益完善,形成了主题多样的实践教育基地群。

## 一、严格落实思政课实践教学学时学分制度,基本做到全覆盖

(一) 高校层面

基本满足了本科 2 个学分、专科 1 个学分用于思政课实践教学的要求,并对研究生的实践课教学的学时和学分进行了要求。

(二) 中小学层面

上海将社会实践体验和磨炼作为高中生的"必修课"和上海高考改革的配套制度建设,安排了一定比例的课时用于学生社会实践活动和公益服务。如北虹高级中学设立了"常春藤"志愿讲解员服务队、鲁迅中学建立了"鲁迅在虹口的足迹地图"等志愿服务品牌,这些形式多样的社会实践活动大大提升了中小学生的使命感和责任感,推进了青少年政治社会化。

## 二、组织开展多样化的实践教学活动,涌现了一批优秀案例

(一) 高校层面

上海各高校紧扣思政课实践教学的目标和要求,善用志愿服务、理论宣讲、社会调研等方式开展实践教学。比如复旦大学、同济大学、上海交通大学等高校均建立了学生宣讲团,赴中小学、驻地单位、企业等进行宣讲;上海交通大学依托农业与生物学院,开展了第一堂劳动教育课程,通过各自认领一块"责任田"开展种植活动以强化劳动教育;再如复旦大学成立博士生医疗服务团,赴山区义诊、开设讲座和进行医疗示范等。

(二) 中小学层面

继光高级中学主动对接盲童院等基地,开发了"私人订制·梦想工坊"实践课程,该项目还荣获 2016 年"未来杯"上海市高中阶段学生社会实践项目大赛一等奖。

## 三、建好用好实践教学基地,形成具有代表性的"大思政课"实践教学基地群

(一) 共有 14 家实践教学基地入选 2022 年教育部发布的"大思政课"实践教学基地名单

在 2022 年教育部发布的"大思政课"实践教学基地名单里,上海共有 14 家入选,其中三家为科学精神专题实践教学基地(钱学森图书馆、上海院士风采馆、东方绿舟——上海市青少年校外活动营地),两家为工业文化专题实践教学基地(上海造币厂、上海电信博物馆),五家为抗击疫情专题实践教学基地(复旦大学附属中山医院、上海交通大学医学院附属瑞金医院、上海市疾病预防控制中心、复旦大学附属华山医院、上海中医药大学附属曙光医院),三家为中华优秀传统文化、革命文化、社会主义先进文化专题实践教学基地(中国共产党第一次全国代表大会纪念馆、上海市龙华烈士陵园、上海鲁迅纪念馆),一家为脱贫攻坚、乡村振兴专题实践教学基地(上海市浦东新区合庆火龙果产业基地)。与此同时,全市 2 000 多家社会场馆已成为"实践课堂",一批改革开放前沿阵地入选成为"育人基地"。

(二) 积极实施"家门口的社会实践研修基地"计划

以习近平总书记在上海工作期间及担任总书记后对上海考察指导现场为基础,在包括红色场馆、大型国企等在内的企事业单位,挂牌建设一批"家门口社会实践研修基地",其中,上海飞机设计研究院和洋山深水港已成为首批挂牌单位。此外,各个高校也相继成立高校层面的合作实践教学基地,如上海交通大学马克思主义学院党委与中国商飞民用飞机试飞中心党委签署共建协议,揭牌成立了上海交通大学首个"大思政课"实践教学基地等,这些实践基地的建立也为学校"第二课堂"的拓展搭建了平台,为后续实践育人工作的全面铺开提供了支持。

## 第三节 搭建资源大平台,打造网络育人格局

资源体系建设也是上海"大思政课"建设的着力点,其中"资源内容体

系"和"资源平台应用"是上海"大平台"建设的两大方面。

## 一、在资源内容体系的建设上，推出了一系列优秀在线示范课程

### （一）高校层面

据不完全统计，截至 2021 年，上海各高校开设的思政必修在线课达 92 门、思政选修在线课达 43 门。2020 年，教育部开设思政课战疫小课堂，仅上海就上线课程 67 门，其中 40 门课获选用，占比全国第一，另有 25 节网络微课入选教育部"国家中小学网络云平台"。与此同时，上海在"中国系列"课程的建设上也取得了较大的进展，目前各高校至少开设一门"中国系列"课程，如东华大学的"锦绣中国"、上海大学的"理论中国""美丽中国"、华东师范大学的"中国智慧"等。截至 2023 年，上海共开设系列课程 100 余门，大大丰富和充实了思政课教学资源的内容体系。

### （二）中小学层面

在中小学阶段，截至 2023 年底，仅在"国家智慧教育公共服务平台"上线的思政课资源就达到 397 门，更有区级优秀思政课资源涌现。如宝山区思政课程改革创新团队推出的十门"行知寻·上海市宝山区中国系列"区级共享"大思政课"精品课程，结合宝山区的地理和文化优势，开发了包括"罗店古镇'非遗'传承""罗泾农耕文化行""吴淞港寻梦"等专题课题，供宝山区各中小幼学校使用。

## 二、在资源平台的应用推广上，积极促成平台进学校、进课堂

### （一）高校层面

当前，教育部建设"全国高校思政课教师网络集体备课平台"网络支持系统已成为高校思政课教师备课的主要参考依据之一。"青梨派"大学生自主学习系统也受到了广大学生的喜爱和使用。与此同时，高校思政课教学创新中心资源开发系统、高校思政课教学指导委员会指导审核评估系统、高校思政课教师基础数据系统、高校思政课教师研修培训系统等全国高校思政课教研系统也为思政课教育教学提供了重要支持。

### （二）中小学层面

在上海制定并实施《国家智慧教育平台上海试点实施方案》后，2022 年

12月,宝山区作为"国家中小学智慧教育平台"试点区,鼓励区内包括顾村中学、行知中学、刘行新华实验学校等在内的八所学校积极试点国家智慧教育平台八大场景工作,按照"试点先行、融合创新、示范推广"的原则,探索国家智慧教育平台实践路径,努力积累和选树典型案例。

大中小学各级教育教学资源的建设为"大思政课"资源体系的整体推进夯实基础,而对"国家中小学智慧教育平台"的推广和应用又为上海教育资源的数字化转型,特别是资源供给图谱化、数字治理一体化和平台搭建基座化的上下贯通的智慧教育平台体系建设提供了支持。

## 第四节 构建思政大师资,提升育人队伍能级

教师是教育的主体,是人类灵魂的工程师。在"大思政课"建设的蓝图转化中,教师扮演着至关重要的角色。自2022年始,上海在推进"大思政课"师资建设工作中的着力点主要有如下三个方面:

### 一、按比例逐步充实师资队伍

(一)思政课教师队伍配比

在建设专兼结合的师资队伍方面,上海各高校已基本按照要求配备建强高校专职思政课教师、辅导员队伍。为加强对教师队伍的管理,上海各高校还增配了分管教师思政工作的党委副书记,全覆盖成立党委教师工作部,率先出台教师工作部职能设置和运行机制标准,进一步强化师德师风建设。

(二)思政课教师队伍建设

在思政课专职教师建设上,各高校按照教师比例核定思政课教师专业技术职务(职称)各类岗位占比,保证中级、高级职称岗位比例不低于学校平均水平,指标不得挪作他用。此外,在全市"阳光计划""曙光计划"等资助项目中,单独设立思政课教师组别,同时设立"望道学者"项目,专门培养马克

思主义理论高层次人才。联合上海市教育发展基金会,共同实施"上海市马克思主义理论人才发展支持计划",重点对上海中青年拔尖人才开展资助。上海市还大力实施"引智讲学"行动计划和"强师计划"等,邀请校内校外、社科研究机构专家学者、劳模工匠、国企领导、三八红旗手等各条战线先进人物进课堂,承担思政课教学任务,充实思政课堂教学力量。

## 二、教研共促搭,建研究平台

### (一)思政教育研究

在强化思政教育教学的研究上,支持思政课教师结合授课实践展开教学类研究。一方面,国家社科基金规划项目、教育部人文社科研究项目设立了思政课教师研究专项基金以支持思政课教师的教学研究,另一方面上海也充分利用上海市教育科学研究项目、上海市哲学社会科学项目,组织教师加强马克思主义理论和思政课教学研究,重点支持围绕"大思政课"建设规律、思政课教学难点及对策、大中小学思政课一体化、课程思政等问题展开的研究,以项目推动教学研究转型。

### (二)思政教学研讨

上海鼓励高校合作举办"习近平新时代中国特色社会主义思想进教材进课堂进头脑"系列研讨会,鼓励高校积极孵化"辅导员工作室",资助其开展课题研究、推广工作案例等,进一步推动研究成果的转化落地。

## 三、以训促优,提升教学能力

### (一)新进教师培训

在提升队伍综合能力上,基本实现思政课教师培训全员、全过程、全覆盖。在高校层面,除各高校自己举办的新上岗教师培训外,新进教师还须参加上海市层面的新上岗教师培训,培训结束后方可承担课程教学任务。此类培训均设置了课程思政教学设计的相关指导,引领新进教师结合思政元素进行专业课程的教学内容和教学方法的设计。针对高校思想政治理论课新上岗教师,上海还设立并举办专题岗前培训班、党的二十大精神专题培训班、校级线上线下融合课程培训等,为思想政治理论课教师保驾护航。

### (二) 教师常规培训

思政课教师日常化培训体系初步建构。上海市师资培训中心每年定期举办"上海市中小学思政课骨干教师培训班",上海各区也根据本区情况举办专题培训班。例如,2022年松江区举办了思政课教师"学习贯彻党的二十大精神培训班"、金山区举办了"第二期中小学思政理论课骨干教师研修班"等。此外,华东师范大学还设有上海大中小学思政课一体化建设教师实训基地,定期组织专题培训活动,先后举办了主题为"心理育人实务""大学生心理健康教育质量提升""新时代研究生思想政治工作实践创新""研究生生涯发展与就业服务质量提升""2021年大学管理干部专业化能力提升研修班"等多期培训班,培训学员500余人次,形成"3+10+X"培训课程体系,大大提升了培训成效。

## 第五节 上海推进"大思政课"建设工作评述

### 一、上海"大思政课"的体系建设已初具规模

通过上述梳理可见,在"大课堂"的建设上,思政课改革持续深化,形成围绕"习近平新时代中国特色社会主义思想"为内容的覆盖不同学段的课程思政和思政课程群,这些课程不仅辐射高校群体,同时也延展至中小学学段,成为受中小学生欢迎的热门课程。在"大平台"的建设上,有效串联了"第一课堂"和"第二课堂"、"学校小课堂"和"社会大课堂"的内外空间和线上线下空间,将思想政治教育从书本延伸到现实,以实践基地为抓手、通过"文教结合""医教结合""体教结合""科教结合"的方式提升课程品质,实现协同育人。在"大师资"的建设上,有效整合了大中小学的优质教育资源和师资力量,同时邀请社会层面先进典范进校讲思政课,利用典型人物的力量感化学生,让学生在聆听故事中获得成长,在学习他人经历中坚定理想。

## 二、上海"大思政课"的体系建设进一步强化了课程思政与思政课程的有机结合

值得一提的是,上海市"大思政课"体系建设并没有打破本地"三圈三全十育人"的育人格局,而是在此基础上进一步强化了课程思政与思政课程的有机结合以及大中小学思政课体系的衔接性,实现了课程教学、育人队伍、资源体系的共享共建,盘活了家庭、社会、学校在思想政治教育中的基础性作用。与此同时,在"大思政课"体系建设的宏观视野下,上海也在致力于让思政课走出传统意义的"小课堂",通过搭建校外社会实践基地的方式,充分调动上海市的地区文化资源,如红色文化、海派文化、江南文化,以及上海作为社会主义现代化国际大都市的经济、科技优势,为推动家庭、学校、社会三大场域的思想政治教育联动提供支持。

# 第五章
# 上海"大思政课"体系建设的现实困境

尽管上海"大思政课"体系建设已初具规模,并且从整体上而言,上海正在进行的"大思政课"建设实践已走在全国前列,在调动地方资源、学校资源、社会资源上具有明显的优势。但就目前各高校、中小学参与"大思政课"体系建设整体情况来看,上海"大思政课"体系建设在课程体系、教育教学体系、资源体系、育人队伍体系、体制机制建设及五方面的联动机制设计等方面仍有需要进一步完善之处。

## 第一节 思想政治理论课建设存在的问题

从课程体系建设来看,上海大中小学现有思想政治教育课程主要分为:必修类思政课、选择性必修思政课、选修类思政课三类。尽管这三类思政课均为学校思想政治教育的重要抓手,但就不同课程的功能而言,事实上各有其侧重,如:必修类思政课是大中小学段必须要学习的思想政治理论课程,其内容的设计是有一定标准的,均是对党的创新理论研究阐释和教育教学自主知识体系的集中性建构;选择性必修思政课则是围绕习近平新时代中国特色社会主义思想、党史、新中国史、改革开放史、社会主义发展史、宪法法律、中华优秀传统文化等内容设定的拓展型课程模块,学生可以中有选择性地进行学习以作为知识的补充;选修类思政课的内容范围与选择性必修思政课大致相同,但在课程的设计上可以结合地区文化属性和学校自身特色进行再拓展,在课程主题的设计和教学方式的选择上更有空间。除思政课程外,上海还致力于加强专业课领域的课程思政建设,研制出包括57个专业在内的课程思政教学指南等,在课程体系的建设上具有比较深厚的经验。

然而,尽管上海已经初步建立了相对完整的思政课课程群体系,但事实上目前的系列课程中,精品课程、具有地方属性的课程并不占多数,与此同时,有较多的选修类思政课存在重复性高、说教严重、内容单一等问题,并未能有效发挥选修类思政课的理论拓展和延伸功能,具体如下:

### 一、以"习近平新时代中国特色社会主义思想"为核心的课程群建设尚未实现专题的全覆盖

习近平新时代中国特色社会主义思想包含十三个方面重要成就,形成了包括习近平经济思想、习近平法治思想、习近平生态文明思想、习近平强军思想、习近平外交思想、习近平文化思想等多个具体专题。然而,目前上海的选修类思政课体系中,以"四史""建党精神"为内容的选修类课程比较多,但在习近平新时代中国特色社会主义相关理论成就的全融入上仍有相当差距,专题性课题设计明显不足。

### 二、在思政课课堂教学内容的设计上,存在千篇一律、内容平淡、吸引力不强等问题

各个学校在课件的制作和选取上,一般都会使用教育部发布的标准统一课件,这些课件和视频材料只能作为最为基础的"定海神针",但要让学生愿意听、想要听、还想听,仅靠教育部统一制作的课件还远远不够。尤其是在课堂教学内容的更新上,对地方红色文化、校史资源的挖掘力度仍不够,更没有融入和结合上海近十年来在政治、经济、文化、科技、社会、生态文明建设等领域所取得的重要成就、典型案例和先进经验等。此外,在"道德与法治""思想政治"等中小学阶段思政课的课堂教学内容设计上,对伟大建党精神、科学家精神、载人航天精神等伟大精神的融入方式上过于生硬,甚至有些课堂教学还在使用十年前的"英雄事迹"。"英雄事迹"的使用虽不分年代,但必须要与教

育内容和教育目标相适应,一些富有新时代印迹的"英雄模范"如逐梦海天的强军先锋——张超、献身国防事业的科学家——林俊德、卫国戍边英雄——陈红军等,都可以成为思想政治教育过程中的重要典范。

### 三、在思政课课堂教学的价值引领上,问题意识远远不够,这一现象在高校尤其严重

高校思政课,尤其是研究生阶段思政课的主要形式就是授课。课程讲授对学生理论知识的教育效果,尤其是对高学段学生的教育效果要远远高于小组研学、情景展示等相对"活泼"的方式,这就对教师群体的专业素养和授课技巧提出了更高的要求。在现有的课堂教学中,很多教师都没有办法脱离课件进行授课,并且对学生的课堂提问(尤其是略为敏感的时政类问题)不敢回答或不会回答,只会一味地讲中国的"好"却说不清楚为什么"好",使得思政课的"公信力"不断下降,最终成为学生眼中的"红课""说教课""夸夸课"。

与此同时,目前各高校并没有形成一个针对学生思想、心理及关心的热点难点问题的研究工作小组,这往往使得思政课的授课效果又打折扣。教师上课所讲的内容,不是学生曾经听过的,就是学生并不关心的,即使课程讲授主题能提起学生的学习兴趣,但课程内容的讲授又往往切中不了学生关注的要点和难点问题,思政课教育的针对性不强。

### 四、思政课教学评价体系和反馈体系有待进一步优化

思政课教师的课堂教学能力理应成为考量思政课教师的重要依据。目前,各个学校在教学评价体系的建立上,已经初步形成了校领导、教学督导、马克思主义学院班子成员、思政课教师和学生参加的多维度综合教学评价工作体系。然而,在调研中发现,部分高校教学督导在课程评价时因自身专业与听课专业不相符,存在少数片面评价的现象。与此同时,部分学校对评价结果的公布是有延时的,即教师本人无法当下就得知自己的教学反馈和教学评价结果,个人的教学能力和水平无法从教学评价中得到及时回应。教学评价体系的设立,一方面是作为马克思主义学院和班子成员考核的重

要指标,作为思政课教师绩效考核、职称晋升、评奖评优等的基本依据;但另一方面,也应作为思政课教师提升专业素养的重要依据,作为思政教师专业素养提升的重要参考。各个学校应尝试将考评制度与教学指导相结合,将教学考评与生涯发展相结合,充分发挥教学指导委员会等专家的积极作用,在考评中开展教学指导,提升思政课教师的专业素养。

## 第二节 "大中小学思政课一体化"建设存在的问题

推动"大中小学思政课一体化"建设,一直是上海思政教育改革的重要内容。近年来,上海严格遵循教育部印发的《义务教育课程方案和课程标准》以及《新时代学校思想政治理论课改革创新》等相关标准、文件,依据不同学段的教育目标有针对性地展开教学活动。与此同时,上海市教委还积极展开大中小幼德育工作的相关调研,与复旦大学、复旦附中等学校进行了交流,有力推动上海学校德育工作整体协调,有机衔接。

伴随着社会经济、政治、文化的迅速发展,包括信息技术、互联网等新兴媒体在学生群体中的普遍应用,以及家长群体受教育程度的普遍提升,当代青少年的认知能力、认知水平、价值取向等都较以往青少年有很大不同。尤其是上海作为社会主义现代化国际化大都市,学生接触到的信息更为多元和新奇,这也对思想政治教育构成了比较大的挑战。如何有针对性地根据青少年的成长发展阶段及其认知水平进行适切的教育,是摆在教育部门、教育学家、甚至老师和家长面前的重要议题。

### 一、对"大中小学思政课一体化"的学段衔接认识还需加强

"大中小学思政课一体化"建设,不仅仅是小学、中学和大学三个成长阶段的系统衔接,更为重要的,它还是综合教育者、教育对象、教育目标、教育理念、教育内容、教育方法、教育载体、教育力量等诸多因素的一项复杂的工程。目前,根据教育部的相关文件,已经对大中小各个学段的思政课进行了

"一体化"的设计,指出小学阶段重"道德情感"的培养、初中阶段重"思想基础"的打牢、高中阶段重"政治素养"的提升、大学阶段重"使命担当"的增强。但是,这些"一体化"设计更为看重的是教育内容的衔接,而忽视了对学生思想政治能力的培养。当前大部分大学生,在高中阶段的政治学习也只停留在理论知识层面,对现实政治生活,比如政治事件的判断、民主选举的流程、政治诉求的表达、政治权利的获得等均一知半解,政治社会化能力得不到培养,理论的学习也只能停留在概念和概念的集合。

## 二、在大中小学思政课一体化的教育过程中,围绕习近平新时代中国特色社会主义思想、地方文化、红色文化、"四史"等内容展开的学段性教育融入还不够

如在小学培养道德情感的阶段缺乏对家乡情的培养,地方风土人情等相关内容融入程度不高,尤其在对"革命领袖和民族英雄的生平故事"的讲解上,缺乏对地方性革命领袖和民族英雄事例的讲解;在初中打牢学生思想基础的阶段,应有针对性地加强初中生对时事政策分析能力的培养,尤其要培养其国家意识和国情认识以及理性辨别互联网舆论的能力;在高中提升政治素养的阶段,应进一步加强高中生的政治实践能力,增强高中生理论表达的能力等。

此外,在大中小学思政课一体化建设的拓展型课程内容设计上,部分专题性思政教育如生态文明教育、法治教育、中华优秀传统文化教育等的衔接意识不强,在大中小学不同学段的教育区别性并不大。不同学段的课程负责人"各自为营",不同学段间的教育内容出现分散、割裂、重复等现象。与此同时,如习近平经济思想、强军思想、外交思想、文化思想等内容的课程的低学段融入也不够,尤其在小学和中学阶段的部分专题性思政课,呈现"娱乐性"过强的特征。

## 三、在大中小学思政课一体化的建设上,未能形成不同学段相关课程负责人间的有效沟通机制

上海大中小学思政课的一体化建设主要是以高校为中心展开的,通过高

校和中小学融合式教研备课，来提升中小学教学质量。在中学和小学部分，则主要是通过德育工作室、研讨会等方式展开。如大中小学师资培育、听课评课、教研交流、集体备课等常态化工作机制仍未完全建立。同时，就高中和大学阶段、高中和中小学阶段的衔接，似乎还未形成比较有效的沟通机制。尤其在备课、磨课的工作上，目前大中小学思政课一体化的沟通机制是很难支撑一个整全意义上的备课磨课工作的，大中小学思政课教材主编和主要编写人员联席沟通制度的缺失也让大中小学思政课一体化建设未能真正深入到衔接问题的痛点和难点，尤其是从初中阶段到高中阶段的课程衔接以及从高中到大学阶段的课程衔接，均需要进行通盘的、系统的、有目标的谋划。

## 第三节　资源库建设存在的问题

上海现有思政教育资源主要来自以下四个部分：一是以服务高校大学生和思政课教师为主的全国高校思政课教研系统，包括教育部建设的"全国高校思政课教师网络集体备课平台"网络支持系统、"青梨派"大学生自主学习系统、高校思政课教学创新中心资源开发系统、高校思政课教学指导委员会指导审核评估系统、高校思政课教师基础数据系统、高校思政课教师研修培训系统等；二是以服务大中小学不同学段学生为主的"国家智慧教育公共服务平台"，涵盖中小学智慧教育、智慧职教、智慧高教等多个领域，为大中小学不同学段的学生提供德育、美育、体育、劳动教育等方面的学习支持以及专业课程学习辅导；三是以"国家智慧教育公共服务平台"为载体而延伸形成的上海地方智慧教育平台，即"上海·微校平台"，主要集合了上海各高校、中小学的优秀网络教育资源和精品课程，为上海大中小学学段不同学生的课外知识拓展提供支持；四是，部分高校使用的"易班"或是本校自主开发的思政课程资源平台，但是这些资源和平台主要限于本校学生使用，一般不对外且课程类型有一定局限性。

纵观上海现有的思政教育资源库，除了教育部推出的全国高校思政课教研系统以及国家智慧教育公共服务平台外，上海在资源库设计和资源的整合中并没有对现有学校尤其是高校思政课资源进行统一的评估和分类。

## 一、尚未形成思政工作资源库

上海尚未形成一个成熟的集合"教学案例资源库""教学重难点问题库"以及"教学素材库"为一体的思政工作资源库。就"教学案例资源库"来看，尽管在"上海·微校平台"中的确有"案例库"，但其案例种类主要集中于法学、公共管理和工商管理，尚未涵盖所有课程尤其是思政类课程。通过前期调研也发现，上海确实有非常多的优秀教学案例，各个高校都已经积累了相当丰富的教学案例，部分高校还将其案例汇编成册，比如复旦大学编印出版的《复旦大学课程思政优秀教学案例100》。但是，这些优秀案例并没有通过统一的渠道收集整理，或通过案例资源库的形式予以体现。就"教学重难点问题库"来看，以问题为导向开展思想政治教育是近年来的主要切入点，伴随着受教育群体与教育者之间年龄差距的进一步扩大，思政教育工作者们很难完全掌握和体会学生接受知识的痛点和难点。事实上，上海包括上海大学在内的部分高校很早就开始采取课堂"问题征集"的方式来动态收集学生的思想困惑，部分高校教研室甚至也已形成对某些关键敏感问题的教学应对研讨。但由于没有统一的反馈和管理机制，问题的征集、处理和应对最终也未能转化成为可供分享和使用的教学公共资源。就"教学素材库"来看，"全国高校思政课教师网络集体备课平台"网络支持系统已经成为高校思政课教师的主要备课来源，但在中小学段尚未建立比较有权威性的教学素材库。与此同时，也缺乏发掘和转化部分思政课教师的优秀思政课课件、讲义、重难点解析的支持机制，即缺乏让一部分思政课教师共享课件和教学资源的激励措施，教学素材的"孤岛"现象比较明显。

## 二、存在数量多、精品少、重复化、形式化等现象

从教学资源的内容设计来看，存在数量多、精品少、重复化、形式化、良莠不齐等现象，这在高校资源库建设中尤为明显。在当前教学资源的开发和利用过程中不难发现，同一类课程的讲授方式和讲授内容事实上相差无二，学生听到的都是似曾相识的案例和讲了又讲的故事，不少在线课程都存

在从"概念"到"概念"、从"原理"到"原理"的内容堆砌,能把问题讲透、讲清、讲活的教学资源并不多。同时,在教学资源"上线"过程中,地方资源平台的"上线"标准并不完全统一,对思政课教学资源的审核标准没有明确的规定。此外,对上线课程的归置没有明确的设计引导,即"资源整合不够,导致各异构系统之间的交互性、共享性不足"①,使得不同教学资源间存在"你是你""我是我"的疏离感和凌乱感,课程与课程之间的衔接和关联没有在教学资源体系的设计中予以体现,直接导致了当前教学资源体系建设缺乏统一标准、吸引力不强、资源重复严重等现象。

### 三、资源库缺乏统一的分类依据

以"上海·微校平台"为例,课程的搜索和选择主要以"学校"为划分依据,并且在每个学校所代表的"资源子集"中,并没有对不同专题的思政课进行有效区分,尤其缺乏对选修类思政课的引导。目前各级学校使用的"上海·微校平台"网络资源库缺乏统一的分类依据,看似内容繁多,但事实上重复性比较高。精品课程和品牌课程都没有在主页推出,而是点击到对应学校后才会出现如"国家级线上一流课程""市级线上一流课程"和"其他MOOC"的菜单分类,基本没有对学生进行有目的的引导。高校页面单独设置的"思想政治教育"菜单中,只共享了七门本科生必修课资源和一门硕士生必修课资源、一门博士生必修课资源,选修类思政课资源、地方思政类课程均未能在此菜单中体现。

## 第四节 实践教学建设存在的问题

知识的获得与实践的经验是紧密联系的。哲学家迈克尔·波兰尼(Michael Polanyi)曾把经验作为知识范畴进行探讨,认为人类存在两种知

---

① 徐蓉、张琪:《新时代高校思想政治理论课教学资源建设研究》,《马克思主义理论学科研究》2022 年第 8 期。

识,一种是"显性知识",一种是"缄默知识",认为事实上是"缄默知识"支配着人的整个认识活动。教育家约瑟夫·J.施瓦布(Joseph J. Schwab)更进一步把知识和实践相结合,提出"实践性知识"的概念,点明了理论与实践之间的张力,这都与宋明理学中讲究"知行合一"的主张是不谋而合的。

重点发挥"学校小课堂"和"社会大课堂"的联动作用,是"大思政课"体系建设的重点内容,也是"大思政课"体系建设的题中应有之义。从改革开放至今,我国实践育人总体呈现出四个特点：社会实践活动的社会化与基层化、社会实践内容的专业化与时代化、社会实践制度的规范化与系统化以及社会实践组织的科学化与项目化①。近年来,上海在"第一课堂"和"第二课堂"的联动性发挥上一直走在国家前列,出现了非常多的可复制、可推广、可借鉴的优秀案例。但与此同时,近年来,一些学校对实践育人的重视程度仍不够,尤其是高校的本科实践课和研究生实践课,停留在表面,学生以"参观"代替"调研",把实践活动简单理解为一次"集体游",形成的调研报告缺乏反思,未能从调研中获得真体会,实践育人的效果并不理想。此外,学生在开展思政类社会实践调研的过程中,与专业的结合性不强,实践课最终沦为千篇一律的"参观介绍"。

## 一、实践教学的工作体系亟待完整构建

上海的多数高校尚未建立党委统一领导,马克思主义学院积极协调,教务处、宣传部、学工部、团委等职能部门密切配合的思政课实践教学工作体系。大部分的马克思主义学院也未指定专人负责实践教学工作,实践教学的安全保障机制尚未建立。同时,本科生、研究生等的思政课实践教学缺乏全过程的指导和协助,实践教学大纲设置不清晰,对学生的实践要求较低,实践活动娱乐化、形式化、表面化现象严重。

## 二、实践教学的形式应更具多样性

目前,实践教育在小学至高中阶段的实施效果较为理想,但在高校阶段

---

① 冯刚:《改革开放以来高校思想政治教育发展史》,人民出版社2018年版,第242页。

却存在形式单一、重活动轻引领等问题。就教学过程来看,本科生和研究生学段的实践教学主要是通过本科生和研究生的思政实践课来展开的。教师进行主题的布置后,学生各自形成小组进行调研,最终以调研报告和课程展示为检验结果。但事实上,教育部已经持续开展了包括中国国际"互联网+"大学生创新创业大赛青年红色筑梦之旅、习近平新时代中国特色社会主义思想大学习领航计划、"小我融入大我,青春献给祖国"主题社会实践等活动,这些活动也可以作为大学生思政类实践成果,但这一部分活动与课堂实践学习的学分制度等的联动和转化渠道尚未打通,学生对此类活动的参与率也比较低。与此同时,就目前的实践课程要求来看,对本科生和研究生的吸引力并不大,尤其缺乏教师一对一的实践指导和引领,对社会资源的使用效率也比较低。

### 三、对实践教学基地的维护还需加强

实践教学基地数量多、种类全固然是好事,但更需要予以体系化的管理。在上海目前的实践教育基地中,市一级的科普基地就有近300个,可提供公益劳动的服务性劳动基地有2 100多家。此外,还有不同学段、各个领域、各个层级的实践教学基地。然而,学校在与这些实践教学基地的对接中,却长期缺乏有效的沟通机制。一方面学校层面没有专门负责学生实践工作的对口部门,另一方面市一级也未形成如"实践教学基地"资源库等可以进行自由选择和对接的直接性沟通渠道,这对于上海的实践教学基地来说是一种资源的浪费。此外,学校和所在区、驻地实践教学基地的合作性实践项目,特别是现场教学专题、志愿服务合作以及劳动实践项目等开发不足,使得实践教学与课堂教学结合得并不紧密,调动各种社会资源的意识和能力还不够强,实践教学基地的育人作用未能有效发挥。

### 四、对社区、街道以及驻区单位等的实践教学基地的日常化、在地化、常态化应用要加强

社区在学生的周末,寒、暑假等节假日中扮演着非常重要的角色,尤其是中小学阶段,更应加强学校与社区的思政教育合作,尤其是劳动教育的合作。从某种意义上来看,社区事实上补充和拓展了"家庭"的教育功能,这在

西方政治社会化的实践中也已成为非常普遍的尝试了。如西方教育学家、政治学家罗伯特·西格尔就认为:"政治社会化指的是一种学习过程,在这个过程中,现行政治制度下可被接受的政治规范和行为代代传承。"①弗雷德·格林斯坦也认为:"狭义的政治社会化指的是由责任体机构所进行的政治信息、价值和实践的灌输,而广义的政治社会化将涵盖生命周期各阶段的所有正式和非正式、有意和无意的政治学习。"②思想政治教育是将政治文化、政治环境、政治信息等因素内隐于总体的教育设计之中的,如道德教育、法律教育、爱国主义教育等,强调手段和方式的专门化和灌输性,从某种意义上而言,思想政治教育也是一种政治社会化过程。目前,上海在社区思政教育角色的定位上尚不明晰,对社区资源的盘活程度不够,特别是学校与社区的日常化、在地化、常态化实践教学方案的设计也未提上日程。上海部分街道和社区拥有非常优秀的思政资源,比如长宁区虹桥街道就是"中国特色社会主义全过程民主基层实践基地",对这一部分思政资源的利用将成为推进青少年思政教育日常化、在地化和常态化的重要突破口。

## 第五节 思政课教学队伍建设存在的问题

"大师资"也是构建"大思政课"体系的重要内容之一。近年来,依据教育配比要求扩大师资队伍是思想政治教育队伍建设的重点任务。育人队伍也从最初的"教师"和"学校",进一步拓展延伸为家庭、学校和社会的三位一体的育人队伍体系。其中,学校师资队伍建设依旧是育人队伍体系中的主力,而家庭和社会资源也在思政教育中日益发挥着愈发重要的作用。

### 一、就师资队伍建设来看,思政课教师的整体素质仍有待加强

上海近年来严格按照教育部要求配备建强高校专职思政课教师、辅导

---

① R. S. Sigel. *Assumptions about the learning of political values*, Annals of the American Academy of Social and Political science. 1965: p.1.
② Fred. I Greenstein. *Political Socialization*. N.Y. Macmillan, 1968.

员队伍,提高中小学专职思政课教师比例,引进了一大批国内外优秀的马克思主义理论、哲学、法学、国际政治等专业人才。这些青年专业人才虽拥有比较高的专业素养和科研能力,但是教学经验不足,尤其在回应学生课堂提问时有所欠缺。还有一些年轻的思政课教师,本身就非思想政治教育专业出身,因队伍建设需要"赶鸭子上架"上课,对教材和课程内容并不熟悉,对党史上的一些重要历史事件、节点的认识和学习本就不足,缺乏把知识点讲深、讲透的能力,事实上是无法担任课程教学任务的。

## 二、在社会资源的使用上,尚未建立市级层面的体系完整的思政课特聘教授、兼职教师制度

虽然上海部分高校已积极邀请了党政领导、科学家、老同志、先进模范等进课堂授课,但课堂教学的质量和水平却难以保证,"噱头"足、宣传性浓,但教育实效却有待商榷。尤其在思政课特聘教授、兼职教师制度的设计上,没有形成统一的规范,对包括科学家、老同志、先进模范进校授课的形式和课程规范的要求上缺乏统一的指导,很难真正建立包括英雄人物、劳动模范、大国工匠等先进代表,以及革命博物馆、纪念馆、党史馆、烈士陵园等红色基地讲解员、志愿者经常性进学校的常态机制。

## 三、在队伍研究平台的搭建上,对合作型课题的支持力度不够

近年来,国家对思想政治教育相关项目的支持力度还是比较大的,包括国家社科基金规划项目、教育部人文社科研究项目思政课教师研究专项等在内的项目在一定程度上都激发了思政课教学研究的积极性。与此同时,教育部还设立马克思主义理论研究和建设工程后期资助项目,组织教师加强马克思主义理论和思政课教学研究。就上海市层面来看,上海市哲学社会科学项目、上海市教育科学委员会项目也都对思政课教学研究进行了一定的支持。但是这些研究项目主要还是针对高校层面的思想政治教育工作者,对小学和中学阶段的思政工作者的支持力度并不大,或者说缺乏有效机制鼓励小学和中学学段的思政课教师积极投入思政课教学研究,导致在理论研究层面的学段断层严重,对思政课教学难点及对策、大中小学思政课一

体化的研究仍有待加强。

## 四、在队伍综合能力的提升上,学校层面的思政课教师培训体系尚不健全

加强完善国家、地方和学校层面的三级培训和管理体系是提升队伍综合能力的重要抓手。目前,上海在培训体系的建立上较之前有了很大的进展,基本能实现思政课教师职业生涯的全覆盖,包括新进教师培训、专业技能培训、阶段性专题培训等,培训管理体系也日趋完善。但是就学校而言,部分上海高校,尤其是中小学尚未建立完整可行的校级层面培训体系和定期的教学研讨活动,如中小学层面的思政课教师轮训制度还有待完善,部分高校马克思主义学院也未完成每三年对中小学思政课教师至少进行一次不少于五日的集中脱产培训工作等。

事实上,上海"大思政课"建设中所面临的问题既有共性、也有个性,对这些问题的挖掘、思考和解决恰恰是进一步优化"大思政课"建设的起点,也是上海"大思政课"建设在未来要进一步改进的方向。

# 第六章
# 国内"大思政课"体系建设的经验借鉴

自教育部等十部门关于印发《全面推进"大思政课"建设的工作方案》通知下发以来,各地、各学校均围绕"大思政课"建设展开了系列部署。通过对北京、天津、江西、陕西等地"大思政课"建设情况的信息收集、整理和分析,总结、凝练各地在"大思政课"建设中的优秀案例和经验,为推动构建上海市"大思政课"体系建设起到了"他山之石"的作用。

## 第一节 北京"大思政课"建设中的实践教学经验

在"大思政课"建设的试点方案中,北京市围绕"实践教学"展开了一系列富有成效的"大思政课"综合改革,形成了政、校、企合作共建的"大思政课"实践教学工作体系,这为上海的"大思政课"教学体系特别是实践教学体系的优化和升级提供了重要借鉴。

### 一、推动形成"1+1+N"的思政课实践教学清单,基本实现了"知信行相统一"的实践课教学实施框架

一是立足"吹哨报到""回天行动"等北京市基层治理的生动实践,建设了一批沉浸式实践教学基地,鼓励学生积极参与到基层民主治理环节之中,增进学生的理论认同;二是联合北京市文物局等单位,以首都"四个文化"标志性场所即"古都文化""红色文化""京味文化"和"创新文化"为基础,建设

一批具有北京地方特色的文化体验课堂,增进学生文化自信;三是推动各高校实施"一校一策",结合学科专业特色,建设一批专业育人平台,实现知识传授、价值塑造和能力提升的有机统一。

## 二、探索形成了"课堂实践、校园实践、社会实践、虚拟实践"的"四位一体"思政课实践教学模式

通过政校联合、校企联合的方式,北京的各级学校单位与北京市首都博物馆、北京中轴线遗产保护中心、北京艺术博物馆、北京古代建筑博物馆等学校"大思政课"实践教学基地建立教学共建。通过上新一系列生动的博物馆课程,组织优秀思政课教师、展馆研究员、解说员等参与,共同挖掘、打造系列现场教学课程,同时联合开展现场教学、VR教学、志愿服务和党支部共建。此外,各高校也充分结合学校专业优势开展特色鲜明的实践活动,如北京邮电大学形成了"一条龙式"实践教学创新体系和"多位一体"的实践教学支撑环境;中国农业大学打造"科技小院"实践育人大平台;北京农学院组织400支实践团队2 100名师生奔赴北京所有区和京外22个省市乡村振兴一线,把"大思政课"开在"三农"一线、田间地头,讲好乡村振兴的"大思政课"。

## 三、打通了"接诉即办"案例进入北京高校专业课、实践课的建设渠道

北京市已正式启动接诉即办"政校企"合作项目,形成"12345市民服务热线职工再教育基地""北京青年政治学院实习实训基地""政务服务与基层治理学院"三个实践教学基地,从四个方面推进"接诉即办"案例进校园:一是启动"接诉即办"案例进高校试点工作,将接诉即办纳入思政课教学范围,推动思政课改革创新;二是将"接诉即办"纳入系列教学案例,特别是政治学、公共管理、法学、社会学等专业课程教学范围;三是进一步推进"接诉即办"案例进国际课堂,在留学生中引入接诉即办案例,讲好中国故事;四是推动"接诉即办"案例进实践课,共建接诉即办改革实践教学基地,推动高校师生到接诉即办一线参观实践,上好"以人民为中心"的"大思政课"。在配套机制的建设上,围绕首都超大城市运行管理和高品质民生需求,研究制定在三方教育基地合作开展人才培养、互派干部教师交流学习、共同开展科学研

究等深度合作机制,不仅创新了实践课形式,更让实践课教学有效服务于课堂教学,实现了学校场域与社会场域的有机联动。

## 第二节 天津"大思政课"建设中的队伍建设经验

天津市围绕"教师队伍建设"展开了执行严格、效果显著的"大思政课"综合改革,构建大中小学思政课一体化育人体系,健全建强思政课教师队伍,为上海"大思政课"师资队伍体系的建设提供了借鉴。

### 一、率先实现了思政课教师队伍配比要求

天津市在全国率先实现高校思政课教师 1∶350 配备,并将核定人员总量或编制总量内配齐教师、配备情况作为高校领导班子年度考核重要指标。同时,天津还在全国率先制定了中小学思政课教师配备标准,要求各级学校在核定或调整中小学编制时应充分考虑思政课教师配备情况,小学低、中年级配备一定的专职教师,小学高年级以专职为主,初中、高中配齐专职教师,确保专职配备比例逐年提升。

为确保育人质量,天津同时要求大中小学新入职思政课教师必须为中共党员。新入职或转岗担任思政课教师的人员也须为中共党员,且具有马克思主义理论相关专业背景,对现有队伍中非党员思政课教师要逐步调整岗位。对不能胜任思政课教学、未按要求完成培训学时和工作任务的思政课教师,要建立退出制度,不断优化和提升思政课教师队伍质量。

### 二、有序构建了市、区、校三级思政课教师培训体系

天津市严格执行学校思政课教师任职资格制度,要求未取得天津市学校思政课岗前培训合格证的思政课教师,不得从事日后的教学工作。同时,天津市还积极贯彻实施思政课教师和辅导员实践锻炼计划,各学段思政课教师晋升高级职称须有至少 3 个月的农村社区、国有企业、事业单位、政府

部门等实岗锻炼经历,并将思政课教师的实践锻炼情况纳入晋升考评体系。此外,依托"四史"课程协同创新中心,天津市还面向全市"四史"课程教师举办教学论坛、集体备课、教学比武、骨干培训、课题研究、学访交流等活动,增进教师间的专业交流。

### 三、建立了思政课教师专项考评指标和绩效标准

天津市建立了思政课教师专项考评体系,在职称评定过程中以教师的教学效果为考察依据,将教师教学能力作为思政课教师职称职务评定的主要指标,进一步引导教师专心磨炼教学能力。考虑到思政课教师的特殊性,学校专业技术职务(职称)评聘要单独设立思政课类别和评审条件,各级评聘委员会要有同比例的思政课教师。同时,各区按照不低于中小学班主任津贴标准设立中小学专职思政课教师岗位奖励绩效,相应核增学校绩效工资总量,纳入奖励性绩效工资管理。

### 四、要求市、区两级党政机关领导班子成员把进校讲思政课作为一项政治任务

天津市要求市、区两级党政机关领导班子成员每学期至少要讲含"形势与政策"课程在内的一次思政课。各级学校的党组织书记、校长每学期至少面向学生讲授4课时思政课,学校领导班子其他成员每学期至少面向学生讲授2课时思政课,重点讲授"形势与政策"课程。这样的制度安排也为党政领导班子了解青年学生的思想动态提供了契机,同时也让青年学生可以近距离地接触市、区一级和学校一级的主要领导班子成员,在国情世情校情的学习中及时了解党的最新理论成果。

## 第三节　江西"大思政课"体系建设中的问题式教学

江西省围绕"问题式专题化团队教学"展开了针对性强、目标明确的"大

思政课"综合改革。2022年7月,江西省实施了以"高校思政课问题式专题化团队教学改革"为主题的"大思政课"建设综合改革。江西省委常委会专题听取建设汇报,以江西省委教育工作领导小组名义高规格出台《全国"大思政课"建设综合改革试验区江西问题式专题化团队教学改革实施方案》,针对"问题式专题化团队教学"提出了一系列举措,这为上海"大思政课"的课程体系和资源体系建设特别是"大课堂"和"大平台"建设提供了借鉴。

## 一、针对"问题式专题化团队教学"建立了完善的教研组织

为推动问题式专题化团队教学改革,江西省牵头组织各级学校成立了5大课程组、14个教学片区,增设片区秘书单位,按照"组长单位＋牵头单位＋秘书单位＋参与单位"的方式,组建了15个问题式专题化团队教学改革共同体。同时,在每个改革共同体中设立组长一名,专门负责统筹本门课程的全省推进工作,反复打磨教学专题设计,编制教案和课件,改进教学方式方法。江西省还积极探索构建"省级抓总、组长单位统筹、牵头单位推进、秘书单位实施"的工作格局,确立了"周—双周—月—季度—学期—学年"教研制度,实施"一专题一备课"计划,进一步压实各类主体教研责任。截至2022年12月,江西省已经累计举办200余场集体备课、120余场听课评课活动、60余场教学展示,教研制度化常态化工作有序推进。

## 二、针对"问题式专题化团队教学"积极推进"第一课堂"改革

江西省持续完善课程统一协调、师资统一调配等机制,组建专职教师、特聘教授、兼职教师共同参与专题教学团队,探索"一课多师"的教学模式,推动改革全面推进。为进一步贯彻落实"问题式专题化团队教学"实践,江西省还将省内10所高校作为试点,以"思政课教师＋"的"双师同台"教学方式,与党政部门领导、专业教师等共谈政策、共话成就、共议热点,携手把课堂打造成思想碰撞的讲坛,解决学生心中困惑,增进对理论的理解和认同。

## 三、针对"问题式专题化团队教学"积极推进"第二课堂"改革

江西省牵头10所试点高校组建了跨部门、跨院系、跨学科的实践教学

团队,统一设计教学大纲、课程教案,推行"团队化、课程化、项目化"实践教学方式。同时,学校还建立思政课实践教学与社会实践学分(学时)互认机制,积极打造"赣菁归巢""红心追梦""青春寻迹"等一批品牌社会实践教学项目,实现思政课实践教学与社会实践有机结合、协同育人。

### 四、针对"问题式专题化团队教学"积极拓展"讲好思政课"的平台与师资资源

一是在课程资源建设上,江西省通过升级思政课资源库,搭建了集备课教研、学习评价、质量监测等功能于一体的"大思政课"数字平台。按照"专题＋问题链"形式进一步完善教学资源,建成60个专题、205条问题链及其配套的教学资源,分课程分专题常态上线近2万例优质课例,供思政课教师统一使用。二是在师资资源建设上,建立健全思政课特聘教授、兼职教师制度,结合专题教学活动,江西省已累计聘请450多名党政领导、知名学者、先进模范等担任特聘教授,走进校园专题讲授最新理论政策、实践成就等;组织1 080名优秀专业课教师等担任兼职教师,走进课堂专题讲授前沿学术动态、最新研究成果。

## 第四节 陕西"大思政课"体系建设中的"均衡发展"做法

"均衡发展"是中西部教育发展过程中的重点和难点问题。受到区位和交通的影响,中西部教育往往存在地区间、学校间在课程教学、资源建设、师资队伍等方面的发展失衡问题。基于此,陕西省围绕"均衡发展"展开了以全面推进思政课学校均衡、队伍均衡、课程均衡、学段均衡等四个均衡发展为内容的"大思政课"综合改革,这也为上海市"大思政课"体系建设特别是不同学段、不同学区建设的贯通优化提供了借鉴。

### 一、建立"委校院"三级听课制度,"一盘棋"推进高校间均衡发展

陕西省立足本省各个高校思政课建设水平差异较大的现实困境,通过

夯实高校党委思政课建设主体责任,建立完善党委会研究思政课、三级领导听思政课、高校领导讲思政课和联系思政课教师等一系列制度,形成了重点马克思主义学院对口帮扶普通马克思主义学院的机制。截至 2022 年 12 月,陕西省已组织 17 所全国以及省级重点马克思主义学院和培育单位,对口帮扶 44 所普通马克思主义学院,通过对口帮扶的方式,不断增强协同效应。此外,为鼓励其中建设情况好的学校单位,陕西省还实施了"均衡发展示范高校"评选活动,并成立全省本硕博、大中小学思政课一体化建设联盟,推动全省不同层次、不同地域、不同类型高校思政课的均衡发展。

## 二、通过以赛促学、以训促学的方式,"一把尺"推进思政课教师队伍均衡发展

为提升思政课教师队伍的整体教学水平,陕西省每年在全省范围内举办大规模的思政课"大练兵"活动,以"全体练兵、全员培训和全面提升"为原则,按照本科院校、高职高专院校、课程思政、中小学思政课等不同类别开展"练兵活动"。一线教师通过备内容、备学生、备教法的方式,共同推进教学设计、教学内容、教学方法、教学效果和教师素养的提升。

## 三、全力加强课程体系建设,"一条线"推进课程均衡发展

陕西省依托省内 7 个思政课教学研究会,定期举办高校思政课教研创新论坛,分课程召开教学设计交流会、教学热点难点解答会、教学方法研讨会和教学经验分享会等专题研讨会。同时,充分利用地区历史文化资源,打造共产党人精神谱系精品课程如"延安精神概论""西迁精神"等系列精品课程,将延安精神、照金精神、南泥湾精神、西迁精神等有机融入思政课教育教学过程,不断提升思政课的吸引力和感染力。此外,陕西省还着力加强思政课信息化建设力度,实现思政课教学从"实体课堂"向"虚拟课堂""实践课堂""社会大课堂"延伸,开发了包括"红色文献数据库"和"小红专"等网络思政微课平台,并在全省推广。2020 年,西安电子科技大学马克思主义学院创客思政室即"虚拟仿真实验室"建成投用,开展了一系列思想政治理论课沉浸式教学体验活动,为其他地区和学校提升思

政课信息化建设力度做出了示范。

## 四、鼓励重点高校支援中小学思政课建设,"一体化"推动大中小学段均衡发展

陕西省注重发挥高校马克思主义学院辐射带头作用,研究制定了高校马克思主义学院联系指导市(区)教育局加强中小学思政课建设机制,持续推动高校优质资源下沉,统筹推进大中小学思政课一体化建设。截至2022年12月,陕西省已建成1 445个省级精品课堂、564个省级示范课堂。与此同时,陕西省11所高校马克思主义学院还联系指导了11个市(区)教育局,通过建立教师交流研修机制的方式,结对开展思政课教研科研、教学一体化成果展示观摩活动等,促进大中小学之间的沟通交流。陕西省还建立了全省本硕博、大中小学思政课一体化建设联盟,创建大中小学"大思政课"一体化建设示范市、示范县(区),有力推进了陕西省思政课建设的均衡发展。

## 第五节　各地开展"大思政课"体系建设的经验反思

经历了近两年的改革试点探索工作,北京、天津、江西和陕西等地分别围绕"实践教学""队伍建设""问题式教学"和"均衡发展"等思政课改革创新重大问题,进行了一系列有益的建设尝试。在对各省市开展"大思政课"体系建设共性的考察和研究中,形成关于上海开展"大思政课"体系建设的经验借鉴如下,这些经验也将作为上海"大思政课"体系建设实施的重要原则。

### 一、应分类分层,有序推进"大思政课"体系建设工作

在"大思政课"体系建设的总体设计上,国家、地方、学校、家庭应各司其职,构建通力合作、渠道贯通的合作机制。教育部、宣传部应做好"大思政课"建设的总体谋划,中央网信办指导做好"大思政课"全媒体宣传,科技部、

工业和信息化部、生态环境部、国家卫生健康委、国家文物局、国家乡村振兴局、中国关心下一代工作委员会等部门,应加强对实践基地的指导和建设,切实发挥好实践基地的育人功能。地方党政机关、教育部门应同时做好本地区"大思政课"体系建设的顶层谋划,明确在"大思政课"体系建设中的角色与定位,推进本地区"大思政课"综合改革工作的部署安排和持续推进。各级学校要紧紧跟进建设任务,结合学校特色制定"大思政课"综合改革的"一校一策"实施方案,由学校教育管理部门、马克思主义学院牵头负责,推进学校实施方案的落地和实施。

比如,在推进"大中小学思政课一体化建设"上,教育部应着力加强大中小学思政课一体化建设指导委员会建设,支持各地建设一批一体化基地,鼓励高校积极开展与中小学思政课共建。上海的各级教育部门应发挥引导和协调的作用,结合上海地区特色,制定大中小学师资培育、听课评课、教研交流、集体备课等常态化工作机制,建成一批大中小学思政课一体化建设示范高校,推出一批大中小学思政课一体化建设示范课程,选树一批大中小学思政课一体化建设教学名师和团队,建设一批大中小学思政课一体化建设研究示范中心。上海市内各级学校则应着力加强大中小学学科建设,做好辖区内大中小学思政课教育研究引导工作,助力大中小学思政课一体化建设体制机制的落实。

## 二、要从制度建设层面为"大思政课"体系建设提供全方位的保障

制度的设计与落实是"大思政课"体系建设的重要内容之一,也是提高"大思政课"体系建设水平的内在支撑,更是检验"大思政课"体系建设成熟与否的重要标志。从天津市关于师资队伍建设的经验中可知,要建设一支强大的思政课教学团队,就必须要从体制机制上予以约束和规范,不断更新优化队伍组成,确保思政课教学队伍的先进性。因而,在实践过程中,必须要在正确把握思政课建设规律的基础之上,把"大思政课"体系建设的好经验、好做法上升为规章制度并加以推广,从而确保"大思政课"体系建设有章有规可依,推动"大思政课"体系建设的制度化、规范化和程序化发展。

### 三、要盘活城市特色和地方文化资源,因地制宜开展"大思政课"体系建设工作

调研发现,无论是北京、天津还是江西和陕西,在开展本地区"大思政课"综合改革试点工作的过程中,都有意识地将本地区的历史文化和城市特色融入"大思政课"的体系建设之中。比如,北京市的"古都文化""红色文化""京味文化""创新文化",天津市的"津沽文化",江西省的"红色文化""山水文化""陶瓷文化""豫章文化"以及陕西省的"盛世文化""丝路文化""秦岭文化",等等。

上海拥有丰富的"红色文化""海派文化""江南文化"资源,因而在"大思政课"的体系建设中也应尝试将这些"上海文化品牌"融会贯通于课程的建设之中,赋予上海"大思政课"建设以城市特色和城市品格,既要从宏大视角总结中国共产党在国内外艰苦环境中进行伟大斗争的辉煌历程,也要从上海视角解读和分析中国共产党在上海的实践探索对中国特色社会主义建设的重要意涵,运用大视野讲好理论联系实际的"大思政课",引导学生自觉树立大历史观和正确的党史观,将爱国情、强国志、报国行投入到新时代、新征程的奋斗之中,将个人理想融入党的伟大事业之中。

### 四、以问题为导向,有针对性开展改革试点工作

"大思政课"之"大",既在范围,也在深度。这不仅包括拓展思想和行动的边界,引导学生主动参与社会生活,还包括要引导学生加深对理论的理解,以思想理论武器来改造社会。因此,在"大思政课"建设的过程中,特别是在课程内容的建设上应具有鲜明的问题导向和实践导向,做好青少年思想动态的调研分析工作,尊重青少年的成长规律和认知特点,结合教育教学过程中的难点和痛点,设置螺旋上升的教学体系。如陕西省所进行的关于"均衡发展"的"大思政课"改革试点工作,就是针对陕西省省内学校资源、思政课程、教师队伍以及学段建设中出现的不均衡现象而展开的集中性改革。而上海市作为"大思政课"建设的"大中小学思政课一体化"建设综合改革试点,在进行改革的过程中,也必须要清楚了解当下上海市"大思政课"建设过

程中,特别是"大中小学思政课一体化"建设过程中的关键难题和瓶颈所在,有针对性地进行对策研究和方案制定。

综上所述,各省市在"大思政课"建设中的先进经验可为上海的"大思政课"建设提供方法论的借鉴。而通过对各省市建设经验的反思,上海"大思政课"建设的实践进路也得以清晰。

# 第七章
# 上海"大思政课"体系建设的实践进路

习近平总书记在中国人民大学调研考察时指出,"思想政治理论课能否在立德树人中发挥应有作用,关键看重视不重视、适应不适应、做得好不好"。纵观上海"大思政课"体系建设的现状和主要问题,究其根本,是从"体量大"到"质量高"的思想政治教育改革转型过程中所必然会出现的问题,即"不平衡""不充分"问题。

在上海"三圈三全十育人"思想政治教育格局基本定型的基础上,本部分将综合借鉴北京、天津、陕西、江西等地"大思政课"建设改革试点工作中的优秀经验和实践方法,以横向逻辑("课程思政与思政课程建设")和纵向逻辑("大中小学思政课一体化建设")为坐标,从课程体系建设、资源体系建设、育人体系建设、工作格局设计和体制机制保障的"五维"工作条线出发,探索现有上海"大思政课"体系精细化、规范化、制度化建设的实践进路。

## 第一节 着力建设结构清晰、形式多样的"思政大课堂"

上海"大思政课"建设的"大课堂"不仅在学校,也在社会。以学校为主阵地的思政课程建设为"第二课堂"的开展夯实基础;以社会为广大天地的"第二课堂"又在一定程度上深化了"第一课堂"的成果(图1)。

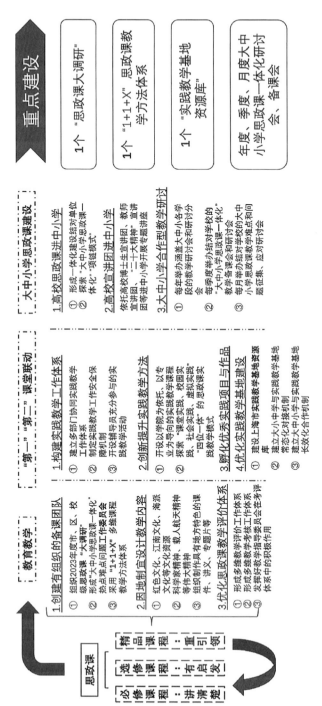

图 1 "思政大课堂"体系

## 一、理清不同思政课程的功能定位

**(一) 核心必修课程要"讲清楚"**

学校思想政治理论课是"大思政课"建设的主要抓手，必须依据各门课程的教学内容和教学重点讲清楚中国共产党为什么能、马克思主义为什么行、中国特色社会主义为什么好。例如，"中国近现代史纲要"要讲清楚中华民族站起来、富起来、强起来的历史发展脉络，"毛泽东思想与中国特色社会主义理论体系概论"要讲清楚马克思主义中国化时代化的历史进程和理论成果，"习近平新时代中国特色社会主义思想概论"要讲清楚新时代以来我国取得的成果和面临的挑战。负责各门课程的教研室应清晰每门思政课的内容、功能和定位，做好基础教学工作，并将其作为学生理论知识的重要来源。

**(二) 特色选修课程要"有启发"**

所在地区丰富的文化教育资源是开展在地化思政课程建设的主要依据。特色选修课程的选择不应仅局限在党史教育、红色文化教育、使命担当等领域，还应思考将习近平强军思想、习近平经济思想、习近平法治思想、习近平外交思想、习近平生态文明思想、习近平文化思想融入特色课程的渠道和方式，开设主题明确、理论深度高的专题特色课程。与此同时，特色课程也应兼顾地区特色和思想政治教育目标，探索拓展地区建设、地方史、地区文化融入思想政治教育的有效路径，如围绕"浦东开发"开设"改革开放与上海"主题课程，围绕"苏州河治理"开设"绿色上海"主题课程等。

**(三) 精品示范课程要"重引领"**

教育部门和高校应牵头酝酿、推出一批精品示范课程，这些精品示范课程应涵盖习近平新时代中国特色社会主义思想的各个专题，特别是加强习近平新时代中国特色社会主义思想系统化学理化和分领域分专题研究，将习近平新时代中国特色社会主义思想有机融入、全面贯穿哲学社会科学各学科知识体系。

## 二、提升"第一课堂"教学质量

**(一) 要创建有组织的备课团队，开展集中性备课活动**

一是要组织思政课教学"大调研"。重点发挥上海市数据分析和处理的科技优势,联合上海的专业数据分析机构、信息处理机构等定期对网络舆情进行分析,在考察调研的基础上出具分析报告作为优化和调整"大思政课"体系建设的重要参考等。大中小学应有针对性地展开学校一级的、区一级的,乃至市一级的思政课课堂教学接受度、满意度和教学成效调研,有针对性地对调研中提出的问题进行教学的完善和优化。二是要组建大中小学思政课一体化热点难点问题工作委员会。各学段以分工作委员会的形式展开对学生思想、心理及关心的热点难点问题研究,各学校教研室依据研究成果制定针对性的教学方案,定期开展备课工作。三是要采用"1+1+X"多样化的课程教学方法体系。注重发挥学生主体性作用,以1个关键问题引导教学,1个主要教学形式支撑课程,积极运用多个教学方法丰富课堂,具体包括小组研学、情景展示、课题研讨、课堂辩论等方式组织课堂实践。四是有条件的高校要为思政课配备研究生、博士生助教,协助开展教学组织、课后答疑等工作。

(二)要结合地方文化因地制宜设计课堂教学内容

一是上海各区、各校应紧密围绕新时代的伟大成就,充分挖掘上海红色文化资源、校史资源开展"四史"教育,充分发挥学校校史对提升学生学校自豪感、归属感的作用。二是依据上海市社会主义现代化国际大都市的城市特征,充分挖掘上海产业发展、城市建设、城市文化中的思政元素,例如浦东开发中的新时代中国特色社会主义经济思想,上海湿地公园建设中的新时代中国特色社会主义生态文明思想,上海大数据产业发展中的创新思想等,尤其要将伟大建党精神、科学家精神、载人航天精神等伟大精神,生动鲜活的实践成就以及英雄模范的先进事迹等引入课堂。三是组织制作具有上海地方特色的思政课课件、讲义、专题片等,推动党的创新理论和历史融入各学段各门思政课。

(三)应优化思政课教学评价体系,建立"考评"与"提升"互促互进的教学评价和反馈体系

一是形成多维教学评价工作体系。上海各高校应建立校领导、教学督导、马克思主义学院班子成员、思政课教师和学生共同参加的多维度综合教学评价体系,重视教学过程评价,增加教学研究和教学成果在评价体系中的权重。特别是校领导、教学督导、马克思主义学院班子成员、思政课教师在参

与教学评价的过程中,应及时反馈授课教师的课堂教学情况并进行及时的沟通和教学优化。二是形成多维教学考核工作体系。各高校、教研室应妥善用好思政课教学评价结果,并将考评结果作为马克思主义学院和班子成员考核的重要指标,作为思政课教师绩效考核、职称晋升、评奖评优等的基本依据。三是各高校、教研室要重视发挥教学指导委员会在考评工作中的积极作用,尤其是要发挥好本校专家组成员的专业能力。部分有条件的高校,也可聘请有经验的思政课退休教师担任教学督导员或青年教师的成长导师等。

### 三、创新"第二课堂"教学模式

(一) 应抓紧构建实践教学工作体系

一是建立多部门协同实践教学工作体系。各级学校应尽快建立党委统一领导,马克思主义学院积极协调,教务处、宣传部、学工部、团委等职能部门密切配合的思政课实践教学工作体系。二是制定实践教学工作安全保障机制。马克思主义学院牵头负责,建立实践教学工作小组,相关教研室派出专家合作研究制定实践教学工作安全保障机制。充分整合思政课教师和辅导员队伍力量,尤其鼓励各学科、专业辅导员加入思政类实践课教学之中,共同参与组织指导思政课实践教学。三是开设辅导员负责和参与的实践教学活动。鼓励思政课教师、辅导员指导学生开展实践活动,并将指导工作纳入教学工作量,参照学生专业实训(实习)标准设立思政课实践教学专项经费支持。

(二) 要创新优化思政类实践课教学格局

一是开设以学院为依托、专业为导向的实践教学课程。高校应尝试打破学院和专业壁垒,克服以往实践课授课过程中存在的"娱乐化"、"形式化"、专业性不强等问题,以马克思主义学院牵头负责,鼓励各个学院加入到本专业的思政类实践课教学之中。譬如,环境科学与工程学院可联合如法学院、文学院等共同开设聚焦生态文明建设法制法规研究的相关实践课程,邀请马克思主义学院、环境科学与工程学院的专家学者联合授课,有针对性地强化专业学习与实践教学之间的联系,形成专业素养、价值引领、实践应用共同提升的课程思政三赢局面。二是探索"课堂实践、校园实践、社会实践、虚拟实践""四位一体"的思政课实践教学模式。结合中小学不同学段的思政目标和思政要求，推出涵盖"课堂、校园、社会、网络空间"等不同场域的"串联式"实践教育课程。例如，在公共场馆内建立高校思政课合作基地，定期开设公开讲座，举行"上海历史文化日"等主题教育活动，编排带有思政元素的话剧、历史剧等文艺作品。

（三）应积极孵化并推荐优秀实践案例参加国家级赛事

一是积极孵化优秀实践项目和实践作品。各高校应抓紧制定实践教学课与寒暑假社会实践、实践类比赛的学分学时互认机制，在实践课教学中积极孵化、挖掘优秀案例。利用好教育部持续开展的如中国国际"互联网＋"大学生创新创业大赛青年红色筑梦之旅、习近平新时代中国特色社会主义思想大学习领航计划、"小我融入大我，青春献给祖国"主题社会实践、"技能成才，强国有我"主题教育等活动，推荐学生积极报名参加并将其作为评奖评优加分项。各高校要紧扣思政课实践教学目标和要求，利用好驻地单位、公共场馆、社区街道等资源，组织志愿服务、理论宣讲、社会调研等实践活动。二是积极促成成果转化。各高校教师应及时总结实践教学成果，把优秀成果作为课堂教学的有效补充，上海市应设立专项经费支持出版高校思政课实践教学成果，发挥实践教学反哺理论研究的积极作用。

（四）统筹、整合、分类现有实践教学基地资源，加强实践教学基地与各地教育部门、学校的对接机制建设

一是建设上海市实践教学基地资源库。上海要结合实际情况，利用"大思政课"体系建设契机，对现有各类、各主题的实践基地进行整理和分类，去除部分使用频率相对较低的基地，增加部分高新产业实践基地，围绕习近平新时代中国特色社会主义思想的体系构成设立上海市一级的"大思政课"实践教学基地群，形成"上海市'大思政课'实践教学资源库"，方便大中小学等教育单位及时查阅和对接。二是建立大中小学与实践教学基地常态化对接机制。上海各辖区的大中小学要设立专门部门、指定专人对接各级各类实践教学基地，与对接单位合作开发现场教学专题、实践教学活动、劳动教育方案等。三是建立大中小学与实践教育基地的在地化合作机制。有条件的学校可与有关基地建立长效合作机制，推动在地化和常态化实践活动的开

展。此外,各个基地也要积极创造条件,与各地教育部门、学校建立有效工作机制,协同完成好实践教学任务。

**四、强化大中小学思政课一体化建设**

(一)研究制定高校思政课进中小学的常态化机制

一是大中小学形成"手拉手"一体化建设结对单位。以"区"为单位,各个高校"手拉手"就近与中小学进行思政课一体化结对。二是探索大中小学思政课一体化"项链模式"。大中小学思政课负责人集中研讨,选取"道德与法治""思想政治"课程中的部分专题邀请高校专家进校讲解,或以课程视频的方式、或以线下串讲的方式、或以专题讲座的方式,推动形成高校思政课进中学、小学的常态化机制。

(二)鼓励高校组建学生宣讲团进中小学进行专题讲座

各高校应依托现有的博士生宣讲团、教师宣讲团、"二十大精神"主题宣讲团等,进行统一备课,形成适合中小学学生的系列思政类专题讲座,定期赴结对中小学进行思政宣讲,在提升高校学生思政类实践活动的社会服务功能的同时加强高校和中小学的思政课资源共享。

(三)举办大中小学思政课教师的合作型教学研讨会

"大思政课"体系建设应突破思政教育教学的时空局限,探索创新融通不同学段思政教育的方式方法,推动教育教学资源的互助共享以及教育教学效果的评价反馈。如每年举办涵盖大中小各学段的教学研讨会和研讨分会,每季度举办结对学校的大中小学思政课一体化教学备课会和研讨会,每月举办结对学校的大中小学思政课教学难点和问题征集及应对研讨会等,形成区域内大中小学段教育教学的定期合作和研讨机制。

## 第二节 着力建设资源丰富、特色鲜明的"思政大平台"

资源体系的平台化建设是上海"大思政课"建设的着力方向。在借鉴各省市资源平台建设有益经验的基础上,上海"思政大平台"建设应推进和强化两方面内容:一是"大平台"的内容建设,即教育教学资源的筛选、统筹与规划问题;二是"大平台"的功能实现,即教育教学资源的宣传和展示问题。其中,内容建设是功能实现的基础,功能实现是内容建设的目的(图2)。

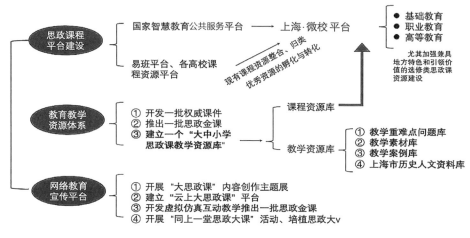

图2 "思政大平台"体系

## 一、优化上海思政课教学资源平台

(一)加强国家智慧教育公共服务平台的普及和推广

国家智慧教育公共服务平台是一个集合基础教育、高等教育、职业教育为一体的国家级网络教育平台。平台不仅涵盖了全国各大高校、中小学的网络课程教育资源,同时还设有"地方平台",可直接共享地方性学校的课程教育资源。国家智慧教育公共服务平台充分体现了"大思政课"教育信息化、平台化的重要特征,各学校应研究推动国家智慧教育公共服务平台融入学校思政教育,特别是思政课堂的可行路径,将国家智慧教育公共服务平台作为思政课网络学习平台和课程资源库的重要载体。

(二)统筹、整合、拓展国家智慧教育公共服务平台中的"上海·微校平台"

调研发现,目前国家智慧教育公共服务平台的"上海地方平台"在思政课资源的统筹、整合上较为冗杂,没有一个快速直接的搜索导引,特别是在课程的分类上仍以"学校"为类别,没有形成以"思政课"专题例如生态文明建设、经济建设、文化建设、外交建设等为分类特征的"大思政课"网络资源库。地方类思政课资源明显缺乏,尤其是与上海城市文化、城市建设、城市品格相关的思政课资源更是稀少。事实上,包括复旦大学、上海交通大学、上海大学等在内的高校均在校内开设了与上海文化紧密相关的思政类课程,应加强对此类课程资源的开发、整合、设计和优化。

(三)通过项目支持的方式,推动教学资源建设、转化的常态化机制化

上海可通过上海市哲学社会科学基金专项、教育科学基金专项以及其他专项经费支持等方式鼓励思政课教师积极促成教学资源的转化。各高校可有重点地孵化、培植和发掘优秀思政课或课程思政资源,力争每年形成1~2个精品课程,发掘和培植3~4个优秀课程,有针对性孵化、建设1~2个重点突出、特色明显的地方性选修类思政课程。

## 二、强化上海市思政课教学资源库建设

(一)应组织开发一批科学权威实用的课件、讲义,鼓励一线教师统一使用

上海市教委应牵头组织,各高校分工,统筹开发和推荐一批科学权威实用的思政课件、讲义,由各大课程所属的教学指导委员会专家审核通过,作为可供一线思政教师使用的课程资源。

(二)应抓紧实施中小学思政课精品课程建设计划,推出一批思政"金课"

鼓励中小学思政课教师积极促成成果转化,上海各中小学实施学校思政课精品课程建设计划,上海市一级实施上海市中小学思政课精品课程建设计划,推出一批可推广、可借鉴、可复制的思政"金课"。

(三)应整合现有教学资源,构建面向学生的"大中小学思政课课程资源库"和面向教师的"大中小学思政课教学资源库"

构建一个"上海市大中小学思政课课程资源学习库"。以国家智慧教育公共服务平台为基础,优化完善国家智慧教育公共服务平台中的"上海·微校平台",以国家统编教材为基本遵循,整合上海优秀思政课教师和哲学社会科学专家力量,组织开发高水平在线示范课程并积极推动上线。以思政课课程名以及新时代中国特色社会主义理论与实践的系列专题为分类标准

设计搜索导引,形成涵盖习近平经济思想、习近平法治思想、习近平生态文明思想、习近平外交思想、习近平强军思想、习近平文化思想等在内的"上海市大中小学思政课课程资源学习库"。

构建一个"上海市大中小学思政课教学资源库"。以全国高校思政课教研系统为参考,建立面向思政课教师的"大中小学思政课教学资源库",具体包括:一是建立一个"上海市大中小学思政课教学案例库",通过组织征集和开发高质量、多形式的教学案例,聚焦习近平新时代中国特色社会主义思想在中华大地的生动实践,特别是习近平同志在上海的工作经历以及习近平同志在上海的考察调研等,开发一批党的创新理论主题案例。二是建立一个"上海市大中小学思政课教学重难点问题库",重点建立思政课教学重难点问题征集机制,动态收集学生关注的问题和思想理论困惑,统一组织研究回答。三是建立一个"上海市大中小学思政课教学素材库",进一步完善教学素材的采集、审核、共享机制,充分调动一线思政课教师的积极性和创造性,鼓励高校发动思政课教师持续推出一批优秀思政课课件、讲义、重难点解析、教学配图、微视频、融媒体公开课等优质教学素材,方便思政课教师及时下载有代表性的教学资源、上传分享个人优质资源等。四是同时打造一个"上海市历史人文资料库"作为教学素材库的重要补充,重点整合上海市现有实践教学基地、革命遗址、文化场馆等基本信息,特别对与上海市相关的历史人文资料如地方志、书籍、报纸、杂志、艺术作品等进行有效整合,社会面可对资料库进行及时补充,经后台审核后纳入素材库。

上海市教卫工作党委、市教委通过牵头各主要部门,以一个线上"大平台"为基础(或对"上海·微校平台"功能加以拓展),将以上四种教学资源库有效整合,形成覆盖上海乃至全国大中小学思政课教师的一体化优质教学资源库。

## 三、着力打造上海市网络教育宣传云平台

### (一) 鼓励师生围绕思政课教学展开内容创作

积极组织和开展上海"大思政课"网络主题宣传活动,鼓励师生共同组队参与,围绕"习近平新时代中国特色社会主义思想"创作趣味浓、能量

正的优质内容,形式可包括微电影、歌曲、动漫、短视频、plog等,择优开展上海"大思政课"网络主题展,定期展示和更新优秀作品。鼓励学生积极参加"全国大学生网络文化节"和"全国高校网络教育优秀作品推选展示活动",自觉将理论所学以影视、图片等青年群体喜闻乐见的方式予以展现。

(二) 建设趣味浓、能量正的"云上大思政课平台"

联合各级学校共同建设上海线上文化传承空间如"江南文化空间""海派文化空间""红色文化空间"等,集中展示一批校园思政教育原创精品。同时,在青少年广泛喜爱和使用的视频网站与自媒体平台如哔哩哔哩、微博、微信等平台建立"大思政课"宣传账号,产出优质可推广的思政教学类短视频,譬如邀请历史学专家讲述上海历史建筑、道路背后的故事,经济学专家讲述上海产业发展的最新动态,也可以是关于上海湿地保护的生态直播、上海基层治理的工作实录等,打造学生喜爱、社会认可的一体化"云上大思政课平台"。

(三) 研究利用元宇宙、虚拟实验室等创新场域进行的虚拟仿真互动教学

加强对高校思政工作网、大学生在线、易班等网络平台的建设和维护。利用虚拟仿真、虚拟人等技术提升思政教学互动的趣味性,形成以建党人物、事件、文物等要素为内容的动态知识图谱,尝试建立上海"大思政课"元宇宙空间试点工作,在高校打造"元宇宙+思政"实验现场,加强对思政课教学的技术支持。此外,各个学校应积极培植思政教学大V,鼓励支持思政课优秀教师积极参加中央和地方主流媒体的政论、时政节目,广泛传播党的创新理论,培植兼具理论性和号召力的思想政治教育网红教师。

## 第三节 着力建设主体多元、合作有序的"思政大师资"

教书育人是教师工作的光荣传统,也是新时期赋予教师的光荣责任。

虽然自改革开放以来,高校思政课的教学方式和教学内容有了很大的改变,但社会主义的办学方向并没有改变,教师教书育人的职责也没有变。

当下,以"大思政课"为场域形成的思想政治教育队伍日益多元,主要包括:专职力量,如学校党政干部、思政教师、辅导员、班主任等;支持力量,如普通专业课教师等;联动力量,如校外队伍、典型示范、社会组织、青年志愿者等。未来,进一步打通"大思政课"育人队伍体系的用人渠道将是必然趋势,以专职力量"冲锋"、支持力量"辅助"、联动力量"配合"为逻辑的育人队伍格局也将全面打开。

## 一、加快构建素质高、能力强的专兼结合师资队伍

(一)要着力提高中小学专职思政课教师比例

上海高校已基本按照要求配备建强了高校专职思政课教师和辅导员队伍。因此,下一阶段目标是要进一步提高中小学专职思政课教师比例,吸纳更多优秀人才赴中小学担任思政课教师。

(二)要建立思想政治教育特聘教授、兼职教师制度

各个高校应组建专门工作小组,研究制定思想政治教育特聘教授制度,选聘优秀地方党政领导干部、企事业单位管理专家、社科理论界专家、各行业先进模范以及高校党委书记校长、院(系)党政负责人、名师大家和专业课骨干教师、日常思想政治教育骨干等加入思政课教师队伍。各高校同时应建立健全兼职教师制度,研究制定如劳动模范、英雄人物、大国工匠等先进代表以及革命博物馆、纪念馆、实践基地、烈士陵园等红色基地讲解员、志愿者经常性进高校参与思政课教学的长效机制,如专门开设"英雄人物""大国工匠""劳动精神"等主题思政选修课,邀请英烈后代、行业代表等进课堂与学生互动交流,或以"项链模式",邀请先进人物进课堂串讲,丰富和增强课程教学的形式与氛围。

(三)要深入实施马克思主义学院院长(书记)培养工程

开展马克思主义学院院长(书记)集中培养培训,委托重大研究项目,加强实践锻炼,鼓励院长带头开展国际国内访学,择优重点培养一批青年马克思主义理论家。

## 二、积极搭建思政课教学研究平台

（一）应组织教师加强对马克思主义理论和思政课教学的研究

鼓励青年思政课教师积极申报国家社科基金规划项目、教育部人文社科研究项目思政课教师研究专项，鼓励行业专家、教授以"大思政课"建设的相关研究为主题申报国家社科基金重点、重大项目以及教育部人文社科研究项目的重点、重大项目。同时设立马克思主义理论研究和建设工程后期资助项目，积极培植优秀成果转化。

（二）应对"大思政课"建设相关研究课题予以重点扶持

鼓励思政课教师围绕思政课教学展开研究，重点支持开展"大思政课"建设规律、思政课教学难点及对策、大中小学思政课一体化、课程思政等研究。实施"高校思政课教师队伍后备人才培养专项计划""高校思政课教师在职攻读马克思主义理论博士学位专项支持计划"等专项活动。

（三）应继续推进高校"大思政课"名师工作室建设和辅导员工作室建设，推广优秀工作案例

定期举办"习近平新时代中国特色社会主义思想进教材进课堂进头脑"系列讨论会，形成研究文集。积极培植和加强建设辅导员工作室，鼓励辅导员带头进行思政课实践调研和学生思想动态调研，积极将工作经验转化为可借鉴、可推广、可复制的思政类成果，形成优秀工作案例。大力推进高校"大思政课"名师工作室建设，鼓励行业专家牵头形成研究团队，对接所在区域的大中小学思政课程负责教师，以"名师工作室"为抓手开展大中小学思政课建设集体研讨会和备课会，举办跨地区、跨学段、跨学校等多形式的集体备课、教学研讨活动，提升"大中小学思政课一体化建设"教学研究队伍的能力和水平。

## 三、以"训"促"优"，全方位提升队伍综合能力

（一）要完善国家、地方、学校三级培训体系

依托全国高校思政课教师研修（学）基地和上海大中小学思政课一体化建设教师实训基地，组织思政课教师开展分课程、分专题研修活动，实现思

政课教师培训的全学段、全区域、全领域覆盖，包括举办上海市"高校思政课骨干教师研修班"和"高校哲学社会科学骨干研修班""周末理论大讲堂"等。组织开展上海市中小学思政课教师专题培训、教学基本功展示交流活动，提升思政课教师教学能力和水平。建设上海市辅导员网上资源库（可与思政课教学资源库通用）。积极开发思政课教学虚拟仿真实训平台，丰富训练形式。组织支持思政课教师开展年度国情考察，结合课程教学中遇到的难点、痛点进行调查研究和点对点访谈。

（二）要对中小学新进思政课教师进行岗前培训

上海市教委应牵头研究建立中小学思政课教师轮训制度，依托各级党校和高校马克思主义学院每三年对中小学思政课教师至少进行一次不少于五日的集中脱产培训。建立带教机制，鼓励经验丰富的思政课教师"手把手"教学新进思政课教师，所有中小学新进专职思政课教师须取得思政课教师资格后才可上岗。小学兼职思政课教师在上岗前应完成一定学时的专业培训，考核合格后方能上岗。

（三）要建立思政课骨干教师赴地方党政机关、基层挂职锻炼的常态化机制

各高校应组建专门工作小组，讨论建立常态化支持思政课骨干教师赴基层挂职锻炼、蹲点调研的相关制度，并将相关经历纳入评奖评优、干部选聘体系，相关成果作为职称评聘参考。严格落实生均经费用于思政课教师的学术交流、实践研修等教学教研活动，并且根据实际建设情况和成果产出情况逐步加大支持力度。

## 第四节　着力探索支持有力、执行有效的"大思政课"工作机制

政策的落地需要制度的保障，"大思政课"的体系构建同样需要强有力的体制机制支撑，这既包括制定和完善思想政治教育课程、资源、平台、育人队伍以及配套支持建设的常态化工作机制以及融合发展机制，也包括在实

践基地、人才晋升、教育研究、财政支持等方面给予优先保障。机制的设计既要兼顾"大思政课"建设不同环节自身特点,聚焦解决各环节面临的个性化问题,也要通盘考虑不同环节间融合互补的机制设计,加强思想政治教育工作各个环节的合力,这也构成本研究的最后一个部分(图3)。

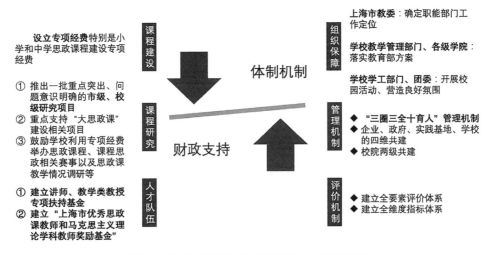

图3 "大思政课"体系建设的体制机制保障

## 一、构建"大思政课"体系建设的体制机制保障

(一)在组织保障方面

上海市教委应牵头讨论、确定各相关职能部门在"大思政课"体系建设组织领导架构中的地位和角色。各学校教学管理部门根据教育部印发的总体课程标准和教学方案,规定思政课教学如实践教学、劳动教育等的具体实施办法和学时学分要求;各学校学工部门、团委等负责围绕"大思政课"建设开展校园活动和营造校园思政教育氛围,形成各部门各负其责、齐抓共管的良好组织和管理氛围。

(二)在管理机制方面

一是学校教育管理部门牵头,研究制定推动"大思政课"体系建设融入日常思政工作条线的可能渠道和机制保障,在继续保持上海"三圈三全十育人"格局的基础上有针对性地对"大思政课"建设的宏观布局予以引导,建立适应"大思政课"建设需要的学校教育常态化管理机制。二是充分利用好所在驻地的政府、企业、实践教学基地等公共资源,形成实践教学基地常态化管理机制,采取校院两级共建的方式,引导思政课教师将驻区内的代表性公共文化资源作为"第二课堂"的重要场域,充分发挥"第二课堂"在思政教学中"入脑入心""春风化雨""润物无声"的教育效果。三是依托上海市"大中小学思政课一体化"建设指导委员会,指导建设一批"一体化"基地。鼓励支持各高校积极开展共建,包括重点(示范)马克思主义学院与非重点(非示范)马克思主义学院的共建、高校马克思主义学院与中小学思政课共建等,设立专门人员负责"大中小学思政课一体化"的对接和组织工作。

(三)在评价机制方面

"大思政课"体系建设的评价机制,应主要包括"评价什么"和"如何评价",即评价对象和评价方式两大方面。一是在"评价什么"上,学校应建立涵盖教学各方面、各环节、各相关要素在内的系统评价体系,包括组织管理体系、教学指导体系、教育教学体系、教学评价体系、队伍管理体系、后勤保障体系等在内的全要素评价机制;二是在"如何评价"上,学校应抓紧研究制定有利于"大思政课"体系建设的具体指标,综合即时评价、延时评价(事后评价、追踪评价)、过程评价、结果评价、当地评价、异地评价等评价方式,形成对"大思政课"体系建设的完整评价链条。针对"大中小学思政课一体化"建设,上海应牵头组织各级学校同时建立大中小学师资培育、听课评课、教研交流、集体备课等常态化考评机制,同时建立大中小学思政课工作小组,讨论制定"大中小学思政课一体化"建设过程中的师资培养机制、教学评价机制、研讨会和集体备课制度等工作评价标准,将"大中小学思政课一体化"建设的相关工作模式规范化,为思政课教学的顺利开展提供支持。

## 二、强化"大思政课"体系建设的财政支持

(一)应加强对"大思政课"体系建设的课程建设支持

上海市、各级学校应设立专项经费支持"大思政课"体系建设的课程建设与成果转化,特别是建立支持小学和中学思政课程建设的专项经费。鼓励学校将专项经费用于本校思政课建设以及"第二课堂"延伸和教学成

果转化。

(二) 应加强对"大思政课"体系建设的教学研究支持

上海市、各级学校应加快推出一批重点突出、问题意识明确的市级、校级研究项目,重点支持围绕"大思政课"体系建设为主要内容的教学研究项目,特别鼓励中小学学段思政课教师的教学研究工作,鼓励各学校利用专项经费举办思政课程和课程思政教学比赛、开展校级思政课教学情况调研、扶持青年思政课教师开展研究等。

(三) 应加强对"大思政课"体系建设的人才队伍支持

各级学校应立足学校专业优势建设思政课师资培育平台,设立专项资金支持思政课教师开展教学实践活动和调查研究,特别支持在思政课教学岗位奉献多年、经验丰富的讲师、教学型教授等集中备课、课程评教、带教等工作。建立"上海市优秀思政课教师和马克思主义理论学科教师奖励基金",对表现突出的思政类人才予以奖励。

实践是检验真理的唯一标准。事实上,当前上海"大思政课"建设仍面临着诸多挑战,无论是课程体系建设、资源体系建设、队伍体系建设,还是体制机制保障,仍需通过教育教学实践予以证伪和检验,更需要各方通力合作来共同完成,这一过程既是"否定之否定"的过程,也是"摸着石头过河"的过程。在思想政治教育"更易做加法而较少做减法"的时代,"大思政课"体系建设更应抓住思想政治教育的"症结""顽疾",以学校、社会和家庭协同育人为依托,通过体系的建设,将原来已经存在的优秀资源和当前即将开发的思政资源有机整合,进一步推动"大思政课"下各要素、环节的各司其职和融会贯通,持续推进上海市"大思政课"体系建设高质量发展,积极承担引人以大道、启人以大智、育人以大德的时代重任。

# 第八章
# 上海"大思政课"体系建设的时代意蕴

当前的中国正处于社会主要矛盾的转化期,面临着内外环境的变化,学校思想政治教育工作也需要与时俱进,加强创新,适应新时代发展的需要。

在近两年的建设过程中,上海"大思政课"体系以其扎实的思想政治工作经验,在拓宽学生学习理论知识的渠道和方式、提升学生思想政治素养上具有显著的优势,有力夯实了新时代思想政治教育的工作基础。特别是在促进教育教学模式的转型创新、加速教育资源的均衡发展、迸发教学研究的集体智慧以及形成新时代"大思政课"体系建设的上海特色上已有所进展,这也为其他地区建设"大思政课"的整全体系提供了示范。

## 第一节 突显新时代"大思政课"立德树人的清晰格局

在上海"大思政课"体系建设的宏观布局下,新时代思想政治教育立德树人的工作格局得以进一步清晰:一是以思政课程和课程思政为载体,以家庭、学校、社会为逻辑线索展开的"三全育人"格局得到良好铺展;二是"大中小学思政课一体化"的建设理路进一步得到贯彻。

### 一、共时性:"三全育人"良好格局得到全面铺展

以家庭、学校、社会为线索而推动展开的全员、全过程、全方位育人是上海"大思政课"体系建设共时性的重要体现,也是上海"大思政课"体系建设

全局性的重要体现。

（一）家庭、学校和社会在学生思想政治教育中分别扮演着不同的角色

家庭教育是在家庭生活中发生的，以亲子关系为中心的教育，具有情感性和亲和性的特征。作为青少年接受思想政治教育的早期场域，家庭教育对于青少年，特别是学龄儿童价值观的培育和塑造具有重要的作用，家长自身的知识、品德、情趣、修养会对孩子政治意识和道德行为的养成产生深远影响。学校教育是思想政治教育的主要场所，从小学到中学再到高等教育，学校一直是思想政治教育的主阵地，引导着学生的世界观、人生观和价值观塑造，这不仅包括直接性的思想政治理论课，也包括专业课程中思政元素的融入。社会教育是除学制系统以外的一种教育形式，参与主体多元，是思想政治教育的外部场域，社会教育为思想政治教育提供了一个由国情世情人情共同构成的综合场景，起到思想引领和文化渲染的作用，为理论的转化提供了现实的基础。

（二）上海"大思政课"体系建设旨在构建一个全员、全过程、全方位育人的多元化平台

"大思政课"体系建设，一方面能够加强对家庭教育的引导，鼓励父母对学生展开早期的思想政治教育或道德教育；另一方面也能进一步完善和优化学校思想政治教育体系，构建"思政课程＋课程思政"的育人格局，为加强学生的思想政治教育引领创造良好环境。与此同时，上海在社会层面也通过特定节日、纪念日、主题活动等方式，在全社会内营造良好的思想政治教育氛围，以社会为场域，起到辅助家庭和学校思想政治教育的功能。因而，在上海"大思政课"体系建设中，家庭、学校、社会尽管功能不同，但都是"大思政课"环节中的一员，三者是互为前提、辩证统一的。

例如，上海奉贤区的"家校社协同育人"做法就是其中比较有代表性的案例。在"家庭、学校、社会"的功能安排上，奉贤区政府通过建立线上线下一体化的家庭教育指导服务体系来激活家庭在育人体系中的基础作用，学校则利用服务体系的自身优势成立区级家委会和不同学段的专委会以起到育人引导作用，社会面则通过家庭、家教、家风建设起到督促引领作用。此外，奉贤区还构建了"以普遍性指导为基础、专题性指导为拓展、个别化辅导

为特色"的数字家长学校平台,为家庭提供全覆盖、系统化、高效能的教育咨询服务,激发家长在学生成长成才中的教育职能。

通过家庭、学校、社会的三维联动机制,思想政治教育得以在不同场域中有序展开,青少年的政治社会化过程也得以在家庭、学校、社会的紧密合作中完成,形成了良性互动、协同共生的教育氛围。当下,上海部分地区正在尝试将"社区"引入思想政治教育的实施单位范围之中,以社区、实践基地等为抓手,进一步加强家庭教育与学校教育的体系联结,推动"三全育人"良好局面的全面铺展。

## 二、历时性:"大中小学思政课一体化"建设得到有序推进

**(一)在上海"大思政课"体系建设的整体设计里,"大中小学思政课一体化"是主要任务**

以"大中小学思政课一体化"为线索开展的课程建设、师资建设和平台建设是上海"大思政课"建设历时性的体现。在上海"大思政课"体系建设的整体设计里,"大中小学思政课一体化"是主要任务。因此在建设中,无论是政策制定还是实施都格外注重促进大中小学不同学段的合作与交流,特别是在课程安排、教学设计、教学方法等方面给予了大量的支持和帮助,为大中小学思政课教师间的合作交流提供了更广阔的平台。

例如,通过研讨会、集体备课会等方式,中小学思政课教师不仅可以从大学教师的教学研究中学习到更多的教学方法和技巧,还可以更好地了解大学的思政课教学要求和标准,从而合理安排所在学段的教学内容;同时,高学段教师也可在与低学段教师的交流中进一步了解低学段的思想政治教育重点,为大学思想政治教育的展开做好准备,合理规避已经重复的知识点,及时补充具有衔接属性的知识点。此外,上海还鼓励大中小学根据自身的特点和需求,开设符合自己学校特色的思政课程,引导不同学段思想政治教育在一体化发展中加强个性建设。例如,在上海部分中小学中已经开设了"上海市历史文化课程""科技创新课程"等具有时代特色和地方特色的思政课程,这些课程不仅可以提高学生对思政课程的学习兴趣,也可以增进学生的地区归属感和认同感。

(二) 在"大中小学思政课一体化"建设经验逐步积累的基础上，上海也在尝试将这一工作以体制机制的方式予以规范化

上海已将"大中小学思政课一体化"工作纳入"教育部—上海市全面深化教育综合改革框架体系"，着力构建党委统一领导、党政齐抓共管、有关部门各负其责的"大中小学思政课一体化"建设工作格局。2023年，上海市委成立了高校思政工作领导小组，定期研究和部署"大中小学思政课一体化"建设工作，同时建立"大中小学思政课一体化"建设指导委员会，由市教卫工作党委、市教委主要负责同志牵头负责，集行业领军专家之力为工作的实施提供智力支持。改革计划的推进、机制体制的建立与责任单位的确立，进一步保障了"大中小学思政课一体化"建设工作的顺利展开，为后续政策的落实奠定了基础。

共时性的"三全育人"格局与历时性的"大中小学思政课一体化"建设为上海"大思政课"的体系布局锚定了清晰的发展方向，也让上海"大思政课"体系建设的各项工作能够在系统思维中陆续展开，并构成之后关于教育教学转型、资源均衡发展以及研究成果转化的基本思路。

## 第二节　促进传统思想政治教育教学模式的转型创新

基于"大思政课"建设的共时性与历时性需求，上海以信息化、现代化的教育手段和方式尝试对传统的思想政治教育方法进行转化和升级，在教学场域上实现了空间的转换与拓展，推动了教学形式、教学手段和教学空间的联动创新。

### 一、为"线下课堂"与"线上课堂"的教学联动搭建平台

(一) "线上课堂"和"线下课堂"对于思想政治教育各有裨益

"线下课堂"即学校主课堂是学生学习的基础。在传授基础知识和理论方面，"线下课堂"可以提供更为深入完整的知识教育，帮助学生建立对某一

知识体系的基本认识。教师也可以通过现场互动、实物展示等方式让学生更好地对知识予以吸收和消化,及时评估教育教学效果。同时,"线下课堂"也可以提供更直接的机会来培养学生的团队合作和交流能力,加强学生间、师生间的互动和沟通,是教育教学的主要手段。

"线上课堂"即网络课堂则是教育教学的有力补充。当前的青少年也被称为Z世代,是与互联网共同成长起来的一代,在信息接收习惯上更喜用网络。因此,借助"线上课堂",学生可以提前获取课程教学的相关资料并展开课程的预习,同时教师也可以通过线上作业的布置即时地获取学生的学习反馈,提升工作效率,掌握学生学习进度。因此,从教育场域来看,"线上课堂"和"线下课堂"均是思想政治教育的重要载体,是当下不可或缺的教学空间。

(二)在实际的教育教学过程中,需要考虑"线上课堂"与"线下课堂"之间的平衡性

"线下课堂"具有强交互性和现场感,能够更好地激发学生的参与和思考;而"线上课堂"具有更好的时间灵活性和空间自由度,能够满足学生多样化的学习需求。因此,在综合运用"线上课堂"和"线下课堂"的过程中需要依据课程设计和教学方式上调整两者在课程教学中所占的比重,为学生提供更加全面和优质的学习体验。

当前,上海"大思政课"体系建设在"线下课堂"与"线上课堂"的教学联动上已积累了相当的工作经验。例如,上海各级学校已基本建构起了"线上+线下"的思想政治教育空间,并把"超星学习通""国家智慧教育公共服务平台"等资源平台作为思想政治教育的重要抓手,引导学生利用网络平台完成课程预习、作业、复习等相关教育环节。教师也利用平台实现了课程介绍、作业布置乃至考试等重要功能,即时性的课程安排通知和时事政策信息也可以通过线上平台及时发布,大大提升了思想政治教育效率,有力促进了思想政治教育教学空间和教学方式的变革。与此同时,部分高校还专门设立了思想政治教育虚拟实验室,通过VR/AR技术实现思想政治教育的沉浸式体验,进一步拓展了思想政治教育教学空间,为"线下课堂"与"线上课堂"在虚拟现实场域的融合提供了契机。

思想政治教育"线上课堂"与"线下课堂"的有机联动不仅创新了思想政治教育教学方式,也为教育教学资源的空间流动提供了可能。伴随着思想政治教育虚拟实验室的测试、投入与使用,"元宇宙"理念的实体化落实以及AIGC技术的不断发展,未来思想政治教育的教育教学方式还将面临新一轮的变革,上海当下正在进行的一系列教育教学模式的创新也将为新时代"大思政课"体系的"第二空间"建设提供思路。

## 二、为"第一课堂"与"第二课堂"的有机联结贡献智慧

"第一课堂"即"学校小课堂","第二课堂"即"社会大课堂",两者在思想政治教育中虽都十分重要,但功能与定位各有不同。

"第一课堂",泛指学校为增进学生专业知识而开设的课程,是学校教育的主要组成部分;"第二课堂",泛指除课堂以外的教育活动,如大学生社团、志愿服务、社会实践、实习等,是"第一课堂"的重要补充。"第二课堂"在如今的学校教育中具有不可或缺的作用,是学生政治社会化的重要场域。思想政治教育的"第一课堂"主要指的是以必修类思政课为核心的思想政治教育课程群,如高校的"4+1+1+X"就是其一。而"第二课堂"则主要包括以提升思想道德素养和使命责任担当为目的的各类实践活动。

上海在促进"第一课堂"与"第二课堂"的有机结合方面尽管尚不成熟,但已形成了富有地方特色的经验。

(一)形成了中小学段的社会实践实施方案

特别是在初中阶段形成了《上海市初中学生社会实践管理工作实施办法》,实施方案要求上海各级初级中学必须做好涵盖社会考察、公益劳动、职业体验、安全实训等在内的社会实践教学,具体包括社会考察136学时、公益劳动80学时、职业体验32学时和安全实训24学时,其中在职业体验中要求在本市职业院校的职业体验不少于16学时,安全实训中要求一般在上海市级公共安全教育场馆的安全实训不少于8学时。为全面记录初中生的实践教育情况,上海还开发推出了"上海市初中学生社会实践电子平台",实现了从实践内容、实践活动、实践信息、课时获得的全过程无纸化,全面响应

了"大思政课"建设要求。

（二）各高校基本形成了"一校一策"的本科实践教学实施办法

特别是思政类实践课程的开设，为"第一课堂"和"第二课堂"的结合提供了重要平台。在具体实施中，思政课教师会根据当年的时事热点布置统一主题如"学习党的二十大精神主题实践"，鼓励学生结合自身专业前往政府机关、企事业单位、场馆、村镇等展开调研。通过思政类实践课程，学生可以把在本科阶段学习到的理论知识运用到对社会的考察之中，进一步增进对中国国情世情的认识，坚定家国情怀和使命担当。

（三）部分高校已开始研究制定本科生"第二课堂"学分认定与实施的创新工作办法

如上海财经大学于2018年推出了人才培养的模式改革[1]，强调要对标"拔尖型""卓越型""创业型"三型人才培养方案，探索与"第一课堂"发展相适应的"第二课堂"高水平个性化培养方案。其中特别指出要创新"第二课堂"成绩单的多元化呈现方式，从工作内容、项目供给、评价机制等方面进行系统设计和整合拓展，极大开拓了实践教学的建设思路。

上海正在进行的"第一课堂"与"第二课堂"有机结合的工作尝试尽管尚未成体系，但其围绕"大中小学思政课一体化"所构建的社会实践工作体系，为其他地区制定涵盖不同学段的社会实践实施方案提供了借鉴，进一步推进了"大思政课"建设视野上"第一课堂"与"第二课堂"的全学段、全领域拓展。

### 三、为大中小学"劳动教育"的统筹发展提供思路

"劳动教育"在我国起步很早，且长期作为思想政治教育的一个重要内容予以实施。新时代面对着日益复杂的国内外环境，习近平总书记指出："要在学生中弘扬劳动精神，教育引导学生崇尚劳动、尊重劳动，懂得劳动最光荣、劳动最崇高、劳动最伟大、劳动最美丽的道理"，并强调要努力构建"德

---

[1] 《上海财经大学深化人才培养模式改革》，中华人民共和国教育部官网，2018年2月28日，http://www.moe.gov.cn/jyb_xwfb/s6192/s133/s172/201803/t20180301_328366.html。

智体美劳全面培养的教育体系"①,事实上是为劳动教育的当代发展提出了更高的要求。

(一)"劳动教育"与"实践教育"的区别

一般认为,"劳动教育"是德育和智育的结合,指的是"以劳动实践为主,结合进行思想教育"②的一种活动,它既是一种教育内容,也是一种教育形式。长期以来,"劳动教育"一直被作为实践教育的一个子部分。但实际上,"劳动教育"和"实践教育"是有极大不同的,理应包括劳动观念的养成、劳动习惯的培养和劳动技能的获取等方面,两者在某种意义上可以呈现一种融合关系,但同时在功能和定位上应该要独立。比如从形式上来看,"实践教育"和"劳动教育"是可以合作进行的,如:学生在参加企业实践活动的过程中,可以通过参与实习工作、技能培训等方式了解产品的生产、企业的运作和管理等环节,同时锻炼沟通协调和团队合作能力;学生可以在参与创新创业实践项目的过程中,通过模拟创业过程掌握相关的知识和技能,从而培养创新意识和创业精神;学生在参加社会公益活动或者环保实践的过程中,通过定期志愿者服务了解社会问题和环保知识,同时培养关心他人、关爱社会的精神,等等。

但是就教育的功能和定位来看,"实践教育"更偏向于引导学生将理论所学与现实生活相结合,是一种主题导向或问题导向的知行合一过程。而"劳动教育"则偏向于培养学生的劳动精神,为之后进入工作岗位做好铺垫,即"作为合格的公民,每个人都应工作、都得劳动,所以,具备基本的劳动能力以及对劳动的正确认知、价值观和生活态度,是最基本、最重要的公民素质"③。

(二)上海在"劳动教育"方面取得的成果

近年来,在"大思政课"体系建设的宏观推动下,上海在"劳动教育"方面也取得了不少成果。2020年上海市特别印发了《关于全面加强新时代大中

---

① 《习近平在全国教育大会上强调　坚持中国特色社会主义发展道路　培养德智体美劳全面发展的社会主义建设者和接班人》,《人民日报》2018年9月11日。
② 《中国大百科辞典》,华夏出版社1990年版,第460~461页。
③ 中国劳动关系学院:《劳模学概论》,人民出版社2020年版,第223页。

小学劳动教育的实施意见》,在教育内容、实践活动、支撑保障等方面推出系列举措。结合上海实际情况,2022年上海市教卫工作党委、市教委还印发了《上海市学校劳动教育"十四五"规划》,提出了六大"劳动教育"行动计划,即"劳动教育课程建设行动计划""劳动实践磨砺行动计划""劳动文化培养行动计划""劳动实践基地打造计划""劳动教育师资队伍提升行动计划"以及"劳动教育支撑保障计划"。这六大计划不仅符合上海市"三圈三全十育人"的工作格局,更与"大思政课"体系建设的思路相契合,有力推动了"劳动教育"与思想政治教育的兼容发展。目前,上海已将每年5月的第二周设为"学生劳动教育宣传周",并定期开展了大中小学"劳动创造美好生活"系列活动,各个高校也已把《劳动教育课》纳入人才培养方案,并正在抓紧推动"劳动教育"从理论教学走向实践参与的教学进路。

上海对"劳动教育"的整体规划,是培养德智体美劳全面发展的社会主义新人的重要举措,也是"大思政课"建设体系下的一次重要布局,更是推进新时代"劳动教育"新体系设计一次有益的探索。

## 第三节 加速新时代"大思政课"教育资源的均衡发展

"均衡发展"也是"大思政课"改革试点工作中的重要议题。相较于中西部地区,上海在教育资源的分配和管理上具有一定优势,但依旧存在跨区间教育资源、师资资源不平衡、不充分的问题。在上海"大思政课"体系建设的实践过程中,上海市牵头各级学校从课程资源、平台资源、师资资源三方面全力推动"大思政课"资源体系的均衡化发展,大大推动了地区内资源的流动、整合与利用,搭建起了新时代"大思政课"教育资源均衡发展的工作思路。

### 一、为打通优质思政课资源共建共享的沟通渠道提供经验

(一)思政课资源共建共享渠道构建应考虑的问题

根据"大思政课"体系建设的精神,思政课资源共建共享的渠道构建也

应从两个方面予以考虑：一是不同学段间的资源共建的可能性问题；二是同一学段资源共享的可能性问题。

在过往大中小学思政课一体化的教学与实践中发现，思政课在不同学段的教育内容既存在重叠之处，又存在断档之处。例如，大学政治课必修课"思想道德修养与法律基础"，就与中学阶段的"道德与法治"有内容重复之处。再如部分大学必修思政课在中学阶段是缺乏具有衔接性的教学内容的，特别是"中国近现代史纲要"和"马克思主义基本原理概论"这两门课，在授课过程中对历史经验和专业知识的解读和分析要求比较高，对非人文社科类学生构成了一定的难度。

(二) 上海思政课资源共建共享渠道构建的举措

为解决大中小学段思想政治理论课的衔接性问题，上海市一级印发了《上海学校思想政治理论课改革创新行动（2020—2022）》《上海市"大思政课"建设综合改革试验区实施方案》等文件，从顶层设计的角度为大中小学思政课一体化建设划定框架，还建立了涵盖"大中小学一体化、校内外一体化、知信行一体化"的"一体化"协同机制，整合了包括学校德育中心、市教师教育学院以及高校、区教育局等力量，形成"大中小学思政课一体化共同体"。比如，在课程建设方面，借助"共同体"力量，系统设计了大中小学思政课教学内容，秉持小学重道德情感启蒙、初中重思想基础夯实、高中重政治素养提升、大学重使命担当培育的原则，健全当前课程体系。同时，各级学校也正在抓紧研制本学校的"大思政课"建设方案，其中，在教育教学资源的互助共享上，形成了众多富有实操性的对策举措。比如，建立了学校内部的思政课重难点库、辖区大中小学间的沟通合作小组等，这些举措为不同区域间的"大中小学思政课一体化"建设提供了支持。

此外，上海各级学校也在尝试建立不同学段的常态化沟通机制，例如教育部基础教育教学指导思想政治（道德与法治）专业委员会、大中小学德育一体化国家教材建设重点研究基地、上海市教育学会、上海市教师教育学院联合主办了"立德树人的时代使命——大中小学思政课一体化背景下中小学思政课内涵建设学术研讨会"，上海财经大学联合辖区内部分学校共同举办了中小学思政课一体化集体备课会，上海师范大学联合全国180多所大中小学艺术教育专家共同举行了全国中小学艺术教育学术研讨会等。同时，华东师范大学更是在上海市内一体化协同布局的基础上组建了全国性大中小学"红色精神培育联盟校"，为 11 个省市的 30 多所学校的思政一体化建设提供指导。2022 年，华东师范大学还发布了国内首个大中小学思政课一体化建设发展报告、国内首个大中小学思政课一体化建设教学观摩音像制品、"新时代大中小学思政课一体化建设"丛书等，对"大中小学思政课一体化"的建设成效进行了实时的跟踪。

上述实践活动有效打破了上海各级学校以往学段间各行其是的做法，为不同学段间的深化合作提供了平台，也间接带动了全国其他地区的思政课一体化发展，促进了思政课教育教学资源的跨学段共建。

## 二、为形成全学段教育教学资源互助的支持平台提供借鉴

（一）全学段教育教学资源互助平台搭建应考虑的问题

当前，思政教育资源平台冗杂、使用率不高是资源建设所要面对的头等问题。从国家思政资源建设的整体趋势来看，以国家智慧教育公共服务平台为载体对不同地区思政资源平台的整合将成为未来工作的重点。其中就包括对以下几大问题的回应：国家思政课程与地方性思政课程建设重点的问题、课程资源与教育教学资源建设的问题、平台建设的功能定位等问题。

（二）上海全学段教育教学资源互助平台搭建的举措

上海"大思政课"体系建设正在搭建的全学段教育教学资源互助支持平台，对于推动全学段素质教育的发展、提高教育教学质量、促进教育教学信息化具有一定借鉴意义。

根据教育部下发的实施方案来看，"大思政课"资源体系建设需要建立的支持平台，应该具备以下几个特点：一是应有利于教学情况的及时反馈。即不同学段的教师可通过教育教学资源库，在线反馈教育教学的重点、难点问题，特别是对思政教学过程中出现的敏感类问题，应启动集中讨论，通过备课研讨的方式研究回应策略。二是应有利于课堂教学的实践。即资源平台的建设应涵盖丰富的教育教学要点、教育教学素材以及教育教学案例。思政课教师通过教育教学素材库的使用，可以比较快捷地搜索到专题教学

的支撑材料，通过教育教学素材库引导教学内容和教学重点的统一化、规范化发展。三是应有利于不同学段思政课教师的合作交流。即驻地单位不同学段的思政课教师可通过平台建立联系，展开合作研究。同时所处驻地的学校也可以通过教育教学资源平台联系到相应的实践教学基地，促进资源的有效利用和统筹。此外，在教育教学资源库的建设上，应注重将现代信息技术与教育教学相结合，建立统一的教育教学信息化平台，更新、优化在线课程、网络资源等，为师生提供更加便捷的学习方式和更为丰富的学习资源。

自上海"大思政课"综合试验区建设工作方案下发以来，上海通过多种渠道增进区域内、学校间优质思政课资源的共建共享，已形成一体化建设思路，对基础教育课程、专题教育课程、名校慕课等有了比较清晰的划分，并在思想政治教育领域积极构建"教学案例库""图文信息资源""特色专题"等模块。尽管这些资源库的建设还仅限于学校一级，但从模块的设计和安排上可以看到，以"上海·微校平台"为抓手，上海正借助各级学校的共同努力构建一个集合课程资源和教学资源为一体的全方位思政教育资源体系，这也将为思政教育网络空间的资源整体提供重要借鉴。

与此同时，借助自媒体等平台，上海还积极构筑了思想政治教育一体化的宣传网络，通过网络媒体、微信公众号等形式将思想政治教育的内容和主题广泛传播。其次，上海还建立了多个"大学生心理健康服务中心"，为学生提供心理咨询、心理辅导等服务。这些"中心"借助互联网实现了24小时不间断服务，极大地方便了学生的生活和学习。另外，上海各级学校还在网络空间中尝试推出了系列带有地方特色的线上课程，比如"开天辟地"课程、"美丽中国"课程等，这些课程以网络直播、在线学习等方式呈现，使得学生们可以在任何时间、任何地点进行学习，为学生提供了更加便捷、灵活的学习环境。

总之，上海"大思政课"建设通过教育、宣传、服务等一体化的平台构建，增进了全方位的思想政治教育网络空间资源统筹工作，为打通地区间、城乡间的思想政治教育资源壁垒，促进高校思政课程改革和提高教育教学水平提供了支持，也为各地形成全学段教育教学资源互助的支持平台提供了示范。

### 三、为盘活不同学段间的师资资源积累做法

教师资源的多向整合是"大思政课"资源均衡化建设的关键内容之一。在思想政治理论课的教学中,思政课教师是课堂的主体,是增进学生理想信念和使命担当的主力军。

（一）上海大中小学师资资源存在不平衡问题

上海拥有丰厚的师资力量,但也存在着区域间不平衡的问题。高校优质师资资源主要集中在985、211高校之中,中小学优质师资资源主要集中在徐汇、黄浦、杨浦区等重点小学、中学中,这无疑限制了上海整体教育的提升空间。

（二）上海为解决大中小学师资资源不平衡问题出台的文件与举措

近年来,为解决师资力量分配不平衡的问题,上海先后出台了《促进城乡义务教育一体化的实施意见》《上海市示范性学区和集团建设三年行动计划（2023—2025年）》《实施百所公办初中强校工程的意见》等系列文件,在提升师资队伍整体水平的基础上促进优质师资资源的有效流动和交流合作,特别是进一步明确了要加大实行特级校长、教师流动制度,比如要求不低于20%左右的新评特级校长、特级教师、正高级教师流动到乡村学校或相对薄弱的初中支教3年。截至2022年,上海共派出流动特级教师、特级校长和正高级教师共285人,有效发挥了区域间的示范、辐射作用,促进了城乡教育人才交流互融的良好态势。除了特级教师、校长和正高级教师的流动外,上海还确保每位中小学教师10年内有规定的流动记录,并且将跨区流动或郊区学校的工作经历作为选拔校长、后备干部、骨干教师,参评特级校长、特级教师和职称晋聘的重要依据。此外,高校资源的中小学化倾斜也是上海正在尝试的创新举措之一。2023年3月,上海师范大学附属中学宝山分校启动了"学术导师"计划,首创由高校博士生导师指导高中生进行学术研究活动,学生通过参观上海师范大学校史馆、数理学院光电子实验室、参加学术研讨等方式感受了学术研究的魅力,部分学生甚至完成了课题研究,正在积极申报市级竞赛。

师资资源的均衡化发展是一个长期工程,上海正在进行的一系列创新实践不仅为地区内师资资源的流动提供了平台,更有助于推动大中小学教育的贯通式发展,盘活了地区优秀教师力量,起到了辐射带动的作用。

## 第四节 迸发新时代"大思政课"教学研究的集体智慧

在上海"大思政课"体系建设的过程中,许多一线教师也在教学实践中积累了各种具有开拓性的教育教学研究成果,通过项目申请、著书立作、智库报告等方式,思想政治教育的一般经验得以进一步积累,整体性提升了新时代"大思政课"教学研究的理论水平和实践能级。

**一、理论上:激发研究热情,推动教育改革**

为进一步推进"大思政课"教学实践工作的理论转化,上海牵头各级学校鼓励和引导大中小学思政课教师积极从事专业研究,丰富"大思政课"建设的理论成果,以进一步发挥理论指导实践的积极作用。

(一)上海"大思政课"体系建设为教育研究者提供了宝贵的教学研究平台

教学研究是推动教育实践展开的重要源泉,更是教育事业不断发展的重要保证。以专项课题、专项资助为依托,上海通过设立"大思政课"体系建设的相关课题,鼓励引领思想政治教育工作者在教学实践中积极探索多元教育模式、教学方法和教学技术,同时各级学校也展开了日常化的思想政治教育教学的实证调研工作,为思想政治教育的优化完善提供有力支持。

(二)上海"大思政课"体系建设为思政课的课程改革提供了契机

课程改革是课程教学得以优化和完善的重要手段。当下思政课建设存在吸引力不强、重复性高、说教严重、专业课"离场"、"两张皮"等问题,严重阻碍了思想政治教育的实施和开展。上海市通过"大思政课"体系建设,广泛吸纳专业力量，积极探索思政课程和课程思政的教学改革，将思想政治教育作为学校思想政治工作的重要内容，精心凝练和制定思想政治教育改革工作方案，推动思政之"盐"的全方位融入，为"大思政课"的改革升级提供有力支持。

（三）上海"大思政课"体系建设还进一步激发了中小学段思政课教师的研究活力

中小学段的思政课教学存在重课堂、轻研究的特点，多数中小学思政课教师不愿意把过多的时间放在教学研究中，而更乐于打磨课程。通过对中小学思政课教师的点对点扶持，进一步帮助中小学思政课教师建立研究兴趣，将课程教学的有益成果转化成为可供借鉴的理论经验，总结凝练中小学段思政课教学的相关理论和方法模式。

自 2017 年起，上海开启了"马克思主义理论学科发展支持计划"，专项支持马克思主义理论研究教学名师、中青年拔尖人才和上海学校思政课建设特聘专家发展等。同时，上海还在"上海市教育科学研究项目""上海市哲学社会科学'十四五规划'2023 年度课题"的指南设计中加入了"大思政课建设""大中小学一体化建设"等相关主题，极大激发了教师群体对教学实践的理论提炼动力，为持续推进"大思政课"体系建设夯实了基础。

## 二、实践中：反复推敲研磨，打造时代金课

理论研究离不开实践的反复锤炼。同样，思想政治教育的理论研究离不开思想政治教育的实践探索。一堂好的思想政治教育课不仅能够深化学生对党和国家最新理论成果的认识，更能启人心智，为学生的世界观、人生观和价值观的培育奠定良好的基础。上海"大思政课"体系建设不仅要注重思想政治教育的基础理论，建构思想政治教育的知识体系，更要着力打造富有时代特征的思想政治教育金课、好课。经过多年的实践深耕，上海已形成多门具有上海品牌的时代金课，围绕党史、新中国史、改革开放史、社会主义发展史、中华民族发展史、宪法法律、中华优秀传统文化等设定专题课程模块，推出了包括东华大学"锦绣中国"、华东师范大学"中国智慧"、上海体育

大学"国乒荣耀"等若干门"中国系列"国家一流课程,在打造思政金课上探索良多。

(一)上海以"内涵式"教育为重点,注重对思政课关键知识点的讲授

区别于传统"硬灌输"的教育手段,上海在孵化和培育思政金课的过程中,通过增加思政课本身的理论性,即通过引入原典、原著的代表性观点,引导学生自觉思考,从简单有趣的辩证思维中感知理论的魅力。

(二)上海以"问题式"教育为导向,注重对学生思想困惑的有针对性解答

同济大学通过线上问题采集的方式,对学生的困惑进行了集中的收集,并在课程讲解的过程中,对学生的普遍困惑进行"润物无声"的讲授,让思政课更加紧贴现实,让思政课内容更加鲜活具象起来。除同济大学外,上海多数高校还利用网络学习平台,通过"问题征集"的方式搜集、整合学生的理论困惑,并借助集体备课机制将普遍性困惑纳入教学设计之中。

(三)上海探索多元化的思政课程教学模式,利用串联式教学、主题式教学等方式,进一步拓展思政课教学方式,以满足学生的不同需求

结合信息技术的发展,上海部分高校还推进数字化教学方法,利用元宇宙场域探索网络课程、移动学习等创新教育模式,突破教学时空限制,提升课程教学的效率和质量。

此外,在金课打造的过程中,上海还注重对思政课教学经验的反思。对经验的吸收和反思是推动思政课教学不断前进的基石,通过对思政金课打造的经验回溯和吸收借鉴,得以持续性地孵化和培育时代新课。通过思政课教师大比武、大培训、大调研等方式,借助"高校思政教学名师"、"上海高校思政课名师工作室"等载体,进一步增进思政课教师的教学能力和自身素养,培育了一批又一批的思政名师、思政金课、思政好课。

上海"大思政课"体系建设在实践领域接续不断的探索也为理论研究的进一步深化提供了平台。以上海打造思政金课的思路为借鉴,可引导和推动其他地区不断推出符合地方特色和时代需要的思政金课,激发学生的学习热情,为培养可堪民族复兴大任的高素质人才作出更大贡献。

## 第五节　形成新时代"大思政课"体系建设的上海特色

上海"大思政课"体系建设是上海在新时代推进思想政治教育工作的重要布局。通过观察上海近年来的工作经验发现,上海在推动建立"大思政课"体系建设的过程中,不仅重视挖掘"大思政课"建设的共性规律,更将上海地方特色和文化资源有机融入了"大思政课"建设的个性探索之中。

### 一、为地方文化融入"大思政课"建设提供上海经验

(一) 上海在"大思政课"体系的建设中注重对地方文化特色的挖掘和传承

上海不仅是中国的经济、金融和文化中心,更具有深厚的历史和文化底蕴。在"大思政课"体系建设中,上海尤其注重利用其地域文化、历史文化和现代文化资源,将上海元素和思政元素相结合,并将其融入到"大思政课"的课程建设中,如华东师范大学开设了包括"江南历史与田野考察""上海社会史"等专题地方性课程,极大增进了学生对地方文化的学习和认同。

(二) 上海在"大思政课"体系的建设中注重本土化的课程设置和教学方式的创新

上海"大思政课"建设在具体教学过程中,能根据不同学段学生的认知能力和成长阶段,选择符合学龄学生的教学方式,如低年级学生可采用小组讨论、情景表演等方式,高年级学生则多采用辩论赛、小组展示等能够锻炼学生思辨能力的教学方式,以适应不同学段学生的差异性需求。特别是重视把学科知识和思想政治教育有机结合起来,创新课程设置,打破传统的学科界限,如部分高校将历史、哲学、政治等多个学科融合在一起,形成多元化、综合性的通识性课程体系。同时,上海在思政课的教学中,也将地方性建设成果,如浦东开发、全过程人民民主、苏州河生态治理、M50旧厂房改造等市政工程的重要成果融入课程教学之中,采用专家座谈、小组研讨、情景模拟、主题调研、专题沙龙等形式,利用"触手可及"的地方案例提升学生

的学习兴趣、参与度和思考深度。

（三）上海在"大思政课"体系的建设中注重因地制宜，突出区域特色

上海"大思政课"体系建设采取因地制宜的教学策略，充分考虑不同区域学校和学生的实际情况，有针对性地制定贴近区域特色的教学计划和教学方案。比如，宝山区各级学校在教学过程中会优先选择"宝钢"作为案例，嘉定区会着重介绍汽车产业的发展，浦东区则以浦东开发为讲授重点，将思想政治教育拉回到学生"身边"，提升思想政治教育的亲和力和亲切感。

## 二、为各省市推进"大中小学思政课一体化"格局提供上海经验

作为上海"大思政课"建设的核心任务，上海在"大中小学思政课一体化"建设中也形成可借鉴的工作原则，这可为全国各省市推进"大中小学思政课一体化"建设提供有益的经验。

（一）重视"思政课程"和"课程思政"双维度的跨学科、跨学段融合

在推动不同学段、学科的资源整合上，上海制定了"教育资源共享、教师队伍共建、课程内容共享、教学评价共同制定"的目标。在课程思政与思政课程的建设上，鼓励理工科、文科和医科结合，充分发挥各学科的优势，帮助学生从中国特色社会主义事业发展全局的高度全面地认识新时代发展的目标，进一步确定理想信念，投身社会主义建设。与此同时，注重思政课程和课程思政资源的下沉，特别是各个高校积极结对所在辖区的中小学校，为中小学思政教育提供支持，形成融合式教研备课模式，提升中小学教育教学质量和水平。

（二）依据不同学段特征，选取适当方式促进思政课程与社会实践的结合

特别是在推进"大中小学思政课一体化"建设时，上海各级学校有策略地利用实践教育、实践教学基地、劳动教育等载体，根据学生成长阶段的不同，展开不同学段的思想政治教育。如小学阶段的"走进院士"课程、中学阶段的"赤色沪西"寻访实践活动以及高中阶段的"红色基因"主题活动等，为不同学段思政课程和社会实践的结合提供了多重思路，让学生们从实践中得到更丰富、更全面的体现。

### （三）将大中小学思政课教师专业化和创新能力的提升作为一个整体性工作予以看待

如通过开展教学评估、教育大比武、思政课教师工作室、中小学结对共建等方式，带动思政课教师教学能力的提升，增进不同学段间思政课教师的交流合作。与此同时，上海还通过教学展示观摩、优秀课程研发、优秀教育资源推广等方式，让不同学段教师在相互学习中获得成长，帮助不同学段思政课教师及时掌握各个学段思政教学的重点和难点，发挥思政课教师在"大中小学思政课一体化"建设中的主体性作用。

## 三、为全国下好"大思政课体系建设"大棋提供上海经验

上海"大思政课"体系建设也为全国下好"大思政课体系建设"大棋提供重要的帮助，为青年学生的全面发展提供了新的思路和方法。

### （一）建设思路的一体化

上海"大思政课"体系建设以横向的"课程思政＋思政课程"建设及纵向的"大中小学思政课一体化"建设为逻辑，通过对思政课课程体系、平台建设、师资队伍、机制体制的改革创新，贯通衔接大中小学不同学段的思政教育要求，使得思想政治教育能够顺畅地贯穿于学生的专业学习和日常生活之中。例如，上海各级学校联合红色场馆、博物馆、科技馆等实践教学基地共同开发思想政治教育类课程，使得不同学段学生不仅在思政课的学习中，同时在政治社会化的过程中能够获得显性和隐性的思想政治教育。

### （二）建设手段的多元化

借助区位优势，更多新型的技术手段能够在上海较快融入到课堂建设之中。例如，上海各级学校正陆续在思政课教学中引入线上教学手段，部分高校还利用虚拟现实、增强现实等技术，研发虚拟现实课程。通过引入最新的教学手段和工具，思政课也得以更好地适应Z世代学生的信息获取习惯、学习需求和兴趣特点，增进了思政课的亲和力、互动性和趣味性，使得"灌输"以更为软性的方式进行，克服了以往"说教式"硬性灌输所带来的距离感。

### （三）建设途径的实效化

依托丰富的历史文化资源、产业资源、科技资源以及由此建立的众多实

践教学基地,上海"大思政课"体系建设将理论知识和形式多样的实践活动相结合,使得学生能够在社会实践中进一步体悟理论知识真谛,增强他们的社会责任感和使命感。其中,实践教育基地的设立照顾到了中国特色社会主义事业发展的各个维度,不仅涵盖了地区文化和历史风貌,更深入到了经济、政治、生态、社会的方方面面,使得学生能够比较迅速地找到课堂知识点所对应的实践基地,促进理论学习的实践转化。

尽管上海"大思政课"体系建设只是我国"大思政课"整体体系建设中的一个子部分,但其是独一无二的部分。各个地区在"大思政课"的体系建设中都应该把"大思政课"的一般共性与地方文化的个性有机统一起来。就上海"大思政课"体系建设的实践来看,其关于"大思政课"建设的整体布局以及"大中小学思政课一体化"建设的工作重点均可作为其他地区推进"大思政课"建设的共性借鉴,而其关于地方文化融入的部分则可作为其他地区推进"大思政课"建设的个性借鉴。事实上,在地方建设"大思政课"体系的实践中,对自身工作方法的探索或许比工作内容更为重要。

# 结语 | Conclusion

历史的嬗变告诉我们这样一个道理：事物的发展总是在否定之否定中日趋完善的。在未来几年乃至十几年中，从"思政课"走向"大思政课"的建设思路即思想政治教育的体系化发展必将持续进行。而上海也将在阶段性的建设中不断总结经验以为之后的发展夯实基础。

事实上，在思想政治教育体系化建设的过程中，思想政治教育的工作者们仍不应忘却一个关键且根本的问题，即如何让学生爱听思政课、想听思政课、认同思政课。在这里，不妨引述两位本科生的原话会更加真切①。

**学生一**：可能有人会问，我们现在的思想难道不开放吗？只需要一个电子设备我们就能看到来自五湖四海的想法，能表达自己的意见……但我们真的穷尽了吗？就拿思政课为例，学生或多或少有着"逆反"心理，人坐在教室里，灵魂不知道飘到哪个角落，不管老师讲得多么投入，都保持绝不抬头的决心。但抛掉偏见，老师已经把课讲得很生动有趣了，从虚拟世界抽身自己听听课，就会发现并不是以往坚信的照本宣科往脑子里塞东西，……正所谓解放思想，正是克服主观主义、盲目性、片面性和绝对性。

**学生二**：我认为"政治课"正处于类似第欧根尼心态的困境之中，或者是上政治课的学生正处于这种心态之中。当代人在评价个人时，

---

① 下述思考均截取自学生课程作业，已征得学生本人同意。

常常陷入一种"形式化存在"的崇拜,而忽略其"内容",体现在政治课上就是主观地认为其是一种形式主义的产物,这与政治课本身的形式与内容是极度不匹配的。

事实上从我的观察来看,对思政课内容感兴趣的人不在少数,中国近代到底发生了什么事,又是如何影响中国发展的?习近平总书记为新时代中国的发展注入了哪些活力?……何以这些同学最后都成为了"埋头不听课"的一员呢?我认为是应试教育,应试教育关注的是学生如何通过考试,与其说学生是在学习知识与技能,不如说是在学习考试。政治课也就在这种大潮中浮浮沉沉了。

在作业的末尾,学生还将其认为的"优秀思政课教师"比作"浪漫主义者"——他引用了安妮塔·布鲁克纳小说中凯蒂的原话:"在无法忍受的境况中无休止地说理,却依旧被这样的境况所限,这是浪漫主义者的特点。"我想,作为一名思政课教师,作为"大思政课"建设中的一个环节,"浪漫主义者"的评价或许是不合适的,但是学生的思考恰恰反映了思想政治教育初心与当前思想政治教育呈现面貌之间的极大张力。

如何让思想政治教育入脑、入心、入行,让学生不仅愿意听思政课,而且还想再听思政课,这是困扰当下每一个思想政治工作者的重要议题。从顶层设计来看,国家关于"大思政课"的建设安排是十分必要且必需的,作为一种政治社会化的过程,体系化的思想政治教育建设思路不仅能强化"立德树人"过程的连贯性与递进性,更能让青少年在个体与社会的互动关系中进一步增进对理论的体认。但从具体实施来看,思政课教师实际上才是思想政治教育如何呈现的关键。中国古代讲究"道器合一",从"思政课"到"大思政课"的建设过程固然是一种"器"的完善,但归于根本,每一位思想政治工作者都不能忘却"道"的作用,这也是"大思政课"体系建设最终能否有效落实的关键所在。

最后,引用我国著名教育学家陶行知的一句话,与在思想政治教育中共同前行的同伴们共勉:

教师的职务是"千教万教,教人求真",学生的职务是"千学万学,学做真人。"①

希望我们都能成为学生灵魂暗夜里的烛火,不求点亮前路,但求惠风和畅,共咏而归。

---

① 《陶行知全集(第三卷)》,湖南教育出版社1985年版,第608页。